フィールドワーク授業入門

——水戸内原の問いかけ——

綿引弘文

一莖書房

この小著を、「たぬきやはなぜつぶれないか」の実践家・田村共栄《ともえ》先生に捧げます。

はじめに

フィールドワーク授業。それは教材をフィールドに求める授業だ。教科書教材は既に決まっていて固定している（「ある教材」）。フィールドワーク授業では教材を探索し形づくる所から授業が始まる（「つくる教材」）。何が教材になるかはまだ決まっていない。自分たちの手で、価値ある教材を地域から発掘しようとする時、教師と子どもの学びの姿勢が変わってくる。そこにフィールドワーク授業の不思議・威力がある。

小学校中学年の社会科は地域学習だ。教科書を覚えるのではなく、地域の課題や特色を実際に捜し出す学習活動がメインになる。教科書・副読本は教材というより教材発掘の手引書だ。副読本を覚えるのが目標ではない。副読本に出ている教材。その学級オリジナル版を、教師と子どもが一緒になって作っていこうとするのがフィールドワーク授業の基本原理だ。

地域学習では、教師と子どもの関係が劇的に変化する。「教える者／学ぶ者」の関係が「共に学ぶ者」の関係へと変わっていく。地域取材においては、子どもや保護者の取材力が、教師の取材力を越えていく。指導の対象だったはずの子どもが、教師にとって掛け替えのない共同研究者になっていく。子どもの取材活動や発見・発言に教えられ、心から「よくやった！」「ありがとう！」と言いたくなる。そこにフィールドワーク授業の歓びがある。

どんな地域にも、価値ある教材が、隠されている。そう信じて地域に分け入り耳を澄ました時、地域は思いがけない豊かな教材世界を開示し、語り始める。自分に向けて教材の語りかける声がはっきりと聞こえる。そこにフィールドワーク授業の魅力がある。教材は、教師と子どもたちの手で発掘されるのを、待っているのだと思う。

フィールドも教材発掘も授業も、常に変化し続けている。これで完成・これで完全という終わりはない。その意味で、学びはいつもその世界への「入門」だ。イチゴ作りも消防署も土地改良事業も、教材は固定することなく、学びの度に、新たな「入門」が必要になる。それだけの豊かさ・謎を秘めている。

本書には、内原小学校での中学年社会科の実践記録四編と、飯富中学校での実践記録二編を収録した。著者三六歳から四一歳まで。フィールドワーク授業に取り組んだ六年間の記録である。「水戸内原の問いかけ」を、子どもと一緒に、どう聴き取り、どう答えていったか。その時々の学びの記録である。

二〇一九年一月

綿引弘文

目次

Ⅳ

Ⅰ　内原町のイチゴ作り（小３・社会科）
――地域教材の発掘に取り組んで①――

（一九八九年度実践）

１　はじめに

三年生の二学期の教材に「田や畑の仕事」がある。「内原町の農業を教えるにはどうすればよいのか」と思い迷いながら、役場を訪ね農協を訪ね農家を訪ねるなかで、「イチゴ作りを通して内原町の農業を教えることが出来るのではないか」と思うようになった。

地域の教材発掘に取り組むのは初めての経験であった。授業も良く出来たとは言い難いが、私自身は、この仕事をすることで初めて地域に出会えたという気持ちがしている。

ここでは、「内原町のイチゴ作り」の教材発掘の過程を中心にして書いていくことにしたい。

私はこの教材発掘に取り組むことで、社会に直接踏み込んでいけない自分を変えたいと願っていた。三年生の子どもが社会科を学ぶというのも、私と同じなのではないだろうか。

2 「イチゴ」で授業が出来そうだ

(1) 田村共栄《ともえ》「たぬきやはなぜつぶれないか」の衝撃

社会科の授業をどうすればよいかと思い悩んでいた時、『事実と創造』九七号(八九年六月号)で、野村新《あらた》氏の論文《田村共栄《ともえ》さんの社会科の授業「たぬきやはなぜつぶれないか」をめぐって》を読んだ。「たぬきやはなぜつぶれないか」の授業は、私にとって二重の意味で衝撃だった。

一つは、もちろん田村共栄《ともえ》氏の授業そのものが力強く魅力的なことである。地域の「商店街について」の学習が、「たぬきやはなぜつぶれないか」という大課題の追求過程として見事に構造化されている。そこには、「大型スーパーのすぐ前か横には必ずと言ってよいほど生鮮食料品店があって意外に繁盛している」という「社会法則」の発見があった。今まで誰ひとり気付かなかった隠れた「社会法則」を教師が発見しているのである。教師がこの「社会法則」の追求に奮い立ち、子どもたちが授業に集中するのも当然であろう。大課題のないありきたりの「買い物調べ」や「商店街の仕事調べ」などの平板な学習とは、まるで違った世界である。

もう一つは、田村共栄《ともえ》氏の「たぬきや」の授業が、塚本幸男氏の「梨の授業」に触発されて行われていることである。塚本幸男氏とは、千葉・茨城合同研究会や合宿研究会などでご一緒することが多く、「梨の授業」についても身近に聞いていた。しかし、私は塚本幸男氏に学ぶどころか、自分には到底あんな実践は出来ないと思い、塚本実践を敬遠して、いただいた学級通信「リトルタイム」さえ読むのを避けていたのだった。野村新氏の言葉のように〝いつも「自分は駄目だ」と言って、実践にも報告にも腰が引けている〟というのが、そのまま私の姿だった。

これではいけない。たとえ、塚本実践や田村実践には遠く及ばなくても、私のクラスの子どもたちにとっては、私が教師である。私がやらなくては誰もやってくれる人はいないのだ。しみじみとそう思って、自分を追い詰める意味で、十月の社会科要請訪問の研究授業を引き受けることに決めた。夏休みを使って何とか地域教材の発掘をしようと思ったのだった。

(2) 内原町役場を訪ねて

内原町役場を訪ねたのはもう八月一六日になっていた。経済課のK課長さんが一時間以上にわたって、内原町の農業について話して下さった。それによると、内原町の農業には特産物と言えるほどの物はなく、米作り中心の農業であり、「米作り＋野菜」「米作り＋梨」「米作り＋畜産」「米作り＋冬場の会社勤め」というように、「米作り＋□」の形が内原町の農業の性格を示しているのではないかと言う。そして、米以外の作物を強いてあげるなら、梨かイチゴだろうということだった。

「梨」では困るなと思いながら、「イチゴ」についての説明を聞いているうちに、「イチゴ」で授業が出来るかもしれないと思えてきた。まず何より、子どもたちが自分たちで調べに行ける学区内の赤尾関地区に、イチゴ農家が何軒かあることである。そして、子どもたちと一緒に追求できそうな小課題が話の中からいくつか見つかったことである。

①「田んぼで作る内原のイチゴ」

ほとんどのイチゴハウスが、水田の中にある。「石垣イチゴ」や「イチゴ畑」といった言葉のイメージとはだいぶ違ったイメージである。これは、減反政策と関係があるのではないか。内原イチゴはコメの転換作物のようだ。

②早出しのための特殊な栽培方法「長期株冷方式」(通称「株冷栽培」)を採用する農家が二軒ある。

(去年から始まったばかりだが良い成績を上げて今年はもう一軒増える。この「株冷栽培」をしているのは茨城県では内原だけ)

③出荷先は何と山形県が大半を占める。

(どうして水戸や東京方面に出荷しないのだろう)

④生産額は近郊市町村に比べては多いが横這い状態である。

(生産額が伸びた市町村と落ちた市町村とを比較することは出来ないだろうか)

K課長さんの話を聞いていて驚いたのは、何々地区の誰々さんという具体的な名前が次々に出て来ることだった。「梨ならAさん」「酪農ならBさん」「養蚕ならCさん」という具合に一軒一軒の農家の経営の様子を個別的に話してくれる。そのことを言うと、「農家の顔と名前が一致しないようでは、役場の仕事は出来ません」と事も無げに言われるのだった。そして、〝「株冷栽培」について聞くなら大和地区の園原宗憲さんがいい〟と教えてくれた。

もう一つの驚きは、自分自身についてだった。K課長さんの話を聞きながら、「これは課題になる」「これはダメ」と判断し、課題になりそうな事が話に出ると突っ込んで聞いている。どうして私に「これは課題になる」などと分かるのだろう、と不思議な気持ちがした。私の中に、自分で気付かないうちに育っていた力があるのだろうか。

「イチゴ」で授業が出来るかもしれない。そう思うと、役場を出る足取りも軽くなった。それまでの重苦しい気持ちが嘘のようだった。

帰りがけに、内原書店によってイチゴの本を捜した。木村雅行・大内良実『作型を生かすイチゴのつくり方』（農文協）を買って帰るとさっそく読み始めた。こんなイチゴ栽培法の本を面白く読めるというのも、不思議である。これが、植物栽培という文化に出合うということなのだろうか。

(3) 「株冷栽培」はなぜ増えないか

取材を早く進めないと二学期の授業に間に合わないので、予約の取れない内原町農協は後回しにし、八月一九日に役場の経済課に電話してイチゴ農家の紹介を頼んだ。農業委員会の係長Kさんがすぐに調べて、イチゴ部会代表で赤尾関地区の塚本正男さん、「株冷栽培」をしている杉崎地区の久保田利雄さん、他何人かを教えてくれた。

Kさんは、内原町のイチゴ作りについて実に詳しかった。内原町のイチゴ作りは七三年に始まり、その当時は栽培技術が未熟なために今のイチゴの半分ほどの小粒のイチゴしか作れなかったことや、石垣イチゴを真似てブロックを使った栽培を試みたりしたことも話してくれた。「株冷栽培」について聞いてみると、栽培法のおおよそについて説明してくれた。花芽をもった前年度の苗を、冬に冷蔵庫に入れて九月まで保存し、ハウスに定植後すぐに開花させて収穫時期を早める方法だと言う。「山上げ」と呼ばれる、栃木県日光市の戦場ケ原に苗を上げて秋を早く感じさせる早出し法に比べて費用と労力が遥かに少なくて済むという。

私は、こんな素晴らしいイチゴの早出し法が内原町で行われていることを知って楽しくなってきた。去年導入されたこの方法が、今後内原町イチゴ農家全体に広まっていくのだろうと思ってそう聞くと、意外にも、「株冷栽培」はそんなに多くならないだろうという答えが返ってきた。「株冷栽培」の苗の植え付けの時期が、ちょうどコメの収穫時期に当たっていて、この栽培法をイチゴ農家に採用させにくくさせているのだということだった。

3　イチゴ農家の取材

(1)　塚本正男さん

塚本正男さんは、内原町農協イチゴ部会の代表である。内原町のイチゴ作りの全体について話を聞く上でも、また学区内であることから子どもたちの見学を依頼する上でも、第一に協力を求めなければならない人だった。さいわい、前日に電話で奥さんに話を聞いたところでは、「学校の子どもさんたちにイチゴ作りのことを知って貰えるのは、イチゴ農家としてとっても嬉しいことです」「九月中旬に苗をハウスに定植するので、それを見学に来たらいいでしょう」と大変に好意的な姿勢を示していただけた。

①　ミツバチの話

また、この電話で、ミツバチの話を初めて聞いた。一一月から三月にかけて、ハチ屋さん（養蜂業者）からハチを借りるのだという。冬場は自然のハチがいないので、ミツバチの力を借りて花粉の交配をするわけである。この「ハチ屋さん」という言葉が私には新鮮に感じられた。いかにも、農業の仕事の世界での言葉という感じがした。

ハチをハウスに入れると、もう強い農薬は使えなくなる。農薬でハチが死んでしまうから。

「それから、ハチで温度が分かるんですよ」。ハウスの温度が三〇度以上になると、ハチは活動しなくなる。ハチがハウスの上の方に集まっているのは、温度が高すぎる証拠だという。ハチがハウスの中を元気良く飛び回っているくらいの温度が、イチゴにとっても望ましい温度なのだそうだ。ハチの活動の様子が温度管理の目安にもなるのだった。

この話を聞きながら、私は「ハチで学習問題が作れそうだ」と思った。ハチを借りる十一月から三月という期間一つをとってみても、十一月がイチゴの花の開花時期を示すのは明白だが、三月は何を意味しているのだろう。五月までイチゴの収穫が続くことを考えると、イチゴの開花が三月で終わってしまうのではない。これは、三月を過ぎれば自然のハチが活躍してくれるので、ミツバチは不用になるという意味ではないだろうか。

自然の環境では、イチゴの取れるのは五月から六月である。露地物のイチゴは自然のハチが交配してくれる。それを冬の十二月から収穫しようとするところに、ビニールハウスとハチ屋さんのミツバチという二つの人工の環境が必要になってくるのだ。

② 普通栽培の仕事暦

イチゴ作りの仕事を、月毎に順を追って話していただいた。この栽培法は、内原町で普通に行われているもので、促成栽培の一種であり「無休眠栽培」とも言われる。

私のイチゴのイメージはと言えば、二月〜三月頃のスーパーに沢山のイチゴがパック詰めに

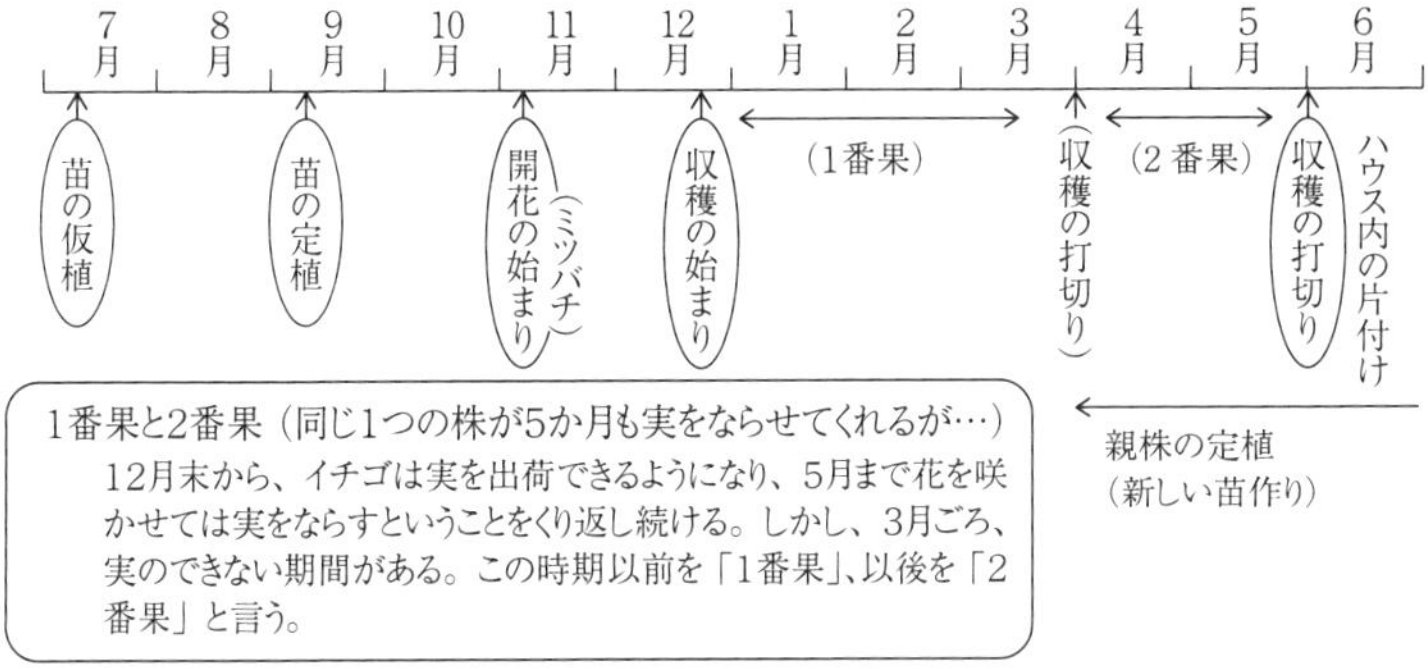

普通栽培の仕事歴

なって並んでいるという程度の、全く貧弱なものでしかない。パック詰めのイチゴの背後にある農家の仕事が、私にはまるで見えていなかった。これは子どもたちも同じだろう。それを見えるようにしていくのが、取材の過程であり、授業の過程であるのだろうと思った。

　イチゴ作りの仕事は、前年からのイチゴの出荷の続く三月末に、その年の親株を畑に定植することから始まると言う。春から夏にかけては、苗作りの季節である。親株から、ランナーと呼ばれる蔓が何本も出て、そのランナーの先に子苗が出来てイチゴの苗は増えていく。一つの親株から三〇～五〇本もの子苗が取れる。

　七月半ば頃、その子苗を別の畑に仮植し直して、夏の間じゅう、苗の手入れが続く。五～七日に一枚新しい葉が出るので、七～八枚の葉を残して古くなった葉を掻く「下葉掻き」の作業をする。灌水や農薬散布の仕事もある。

　九月中旬に、苗をハウスに定植する。一〇アール当たり約一万本の苗を植えるのだという。塚本さんの所では、今年は一二アール作るので一万二千本の苗を用意することになる。ちょっと見当のつかない数である。定植までにハウスの準備もしておかなければならない。堆肥を入れて土作りをし、試験場で土壌検査をしてもらった後、土を高く盛り上げて苗を植えるベッドを作る。

苗の定植前後は、仕事がこんでいて大変忙しそうだ。定植の後は、苗が根付くまでの間、特に灌水をこまめにやらなくてはならない。日に二〜三回は灌水が必要だという。

その上、この時期はちょうど稲刈りの季節である。九月は天気が不安定で、一週間ぐらい雨で仕事の出来ないことも珍しくない。イチゴ農家は、天気をにらみながら、イチゴの苗の定植と米の収穫という二つの大きな仕事をしなければならないのである。

内原町のイチゴ農家が「米作り＋イチゴ」の営農形態を取る限り、この二つの仕事がぶつかるという矛盾から逃れることは出来ないだろう。役場のK係長の言葉の意味が、少し分かったような気がした。

一〇月半ばには、「マルチかけ」と「ビニールかけ」という二つの仕事がある。

「マルチかけ」は、イチゴのベッド全体にすっぽりとビニールを被せ、イチゴの苗だけは穴を開けて外に出すという仕事である。

イチゴの本を読むまで、私は「マルチ」が何であるか分からなかった。「マルチ（mulch）とは「根覆い、敷きわら」などという意味で、作物の下部を覆うビニールの敷き物のことであった。そう言われてみると、今の畑には、あちこちにこのビニールの敷き物が使われていることを思い出した。

「ビニールかけ」は、ハウスをビニールで覆うことである。それまでは、ハウスと言ってもパイプハウスの骨組みだけで、ビニールはかかっていないわけである。

一一月になって、イチゴの花が咲き始めると、ハチ屋さんからミツバチを借りてハウス内に入れる。三月まで五か月間借りて一箱（一群）一万三千円くらいの借り賃だという。高いのか安いのか良く分からない値段である。一〇アールで三群くらいが標準とかで、塚本さんは三つのハウスに一ハウス一箱ずつ入れている。ハチ屋さんは那珂町の人で、今の季節は青森県に行っているということだった。

一一月の終わりから三月までは暖房が必要になる。冬でも晴れさえすれば日中は三〇度以上になるが、夜温一二度以上を保つには、内張りのビニールの他にどうしても暖房機が必要なのだという。「昔は、夜になると点けに行って朝になると消しに行ってで大変だったんですが、今の機械は自動的に点いたり消えたりしてくれるので楽ですね」ということだった。

初出荷はクリスマスの頃になる。朝の六時頃から九時頃までに収穫し、等級別の選果、箱詰めを行って、夕方四時頃、農協に出荷する。検査員による検査に合格すると、水戸の市場や山形の市場に向けて出荷されていく。

「クリスマスのころ出荷と言っても中々出来なくて、組合の二二軒が揃って出荷できるのは、一月になってからだな」「最盛期は二月三月、収穫するだけでなく、ハウス管理の仕事はずっとあるわけ。昼間、ビニールの脇を空けてやんないと温度が上がり過ぎっちゃうから」「肥料は液肥といって、灌水する時に一緒に流してやればいい」というふうに話してくれた。

四月五月になると、もうハウスは開け放しになる。花はいつまでも咲き続けるが、イチゴの値段も下がってきてしまうので、五月の末で収穫は打ち切って、ハウス内の片付けをする。ビニールも外して、土を風雨にさらして地力を回復させる。

これで、イチゴ作りの一年間のサイクルが終わりになる。そして、もう畑にはすでに新しい年の親株が植えられて、次のサイクルが始まっているのである。

③　関東の「女峰《にょほう》」・関西の「とよのか」

内原町で栽培しているイチゴは「女峰《にょほう》」という品種だという。以前は「宝交早生《ほうこうわせ》」という品種を作っていたが、四年前から「女峰《にょほう》」に品種交替し、今では「株冷栽培」でしか「宝交早《ほうこうわ》生《せ》」は作っていない。食べては「宝交早生《ほうこうわせ》」の方が甘くておいしいが、「女峰《にょほう》」は日持ちが良いことから市場での人気が高く、関東では「女峰《にょほう》」、関西では「とよのか」という品種が圧倒的な強さを示しているのだという。

コシヒカリ、ササニシキと言ったコメの銘柄や、豊水、幸水、二十世紀と言った梨の品種なら聞いたことはあるが、イチゴにも品種があるとは思ってもみなかった。どんな作物にも品種があるのは当然だが、イチゴを買う時に私たちは品種を意識しているだろうか。消費者にはさほど意識されているとは思えない品種の問題が、生産者にとっては、栽培法や市場での値段の問題にかかわって重要な問題になるらしかった。

(2) 園原宗憲さん

八月二一日の午後、内原町農協で一時間余り話を聞いた後、大和地区の園原宗憲さんを訪ねた。この時は、同じ三年生担任のSさんも一緒だった。畑からトラクターに乗って戻ったばかりの園原さんに、「株冷栽培」を中心にしてお話を伺った。

園原さんは、七三年に内原町農協が初めてイチゴ作りに取り組んだ時からのイチゴ農家である。たった二人での出発だったという。現在、イチゴの栽培面積は一九アール、そのうち「普通栽培」が一六・五アール、「株冷栽培」が二・五アールである。

① イチゴの早出し茨城県第一位

イチゴ農家が収益を上げるためには、イチゴが品薄な時期を狙って生産・出荷しなければならない。今は、どの産地でも「前進出荷」が叫ばれ、「早出し」・「超早出し」を目指して栽培法の開発に取り組んでいる。そんな中で、内原町では「株冷栽培」を導入して、去年は杉崎地区の久保田利雄さんとともに、茨城県で一番早い一一月六日に初出荷することが出来たのだという。

私は、この話を聞いて楽しくなってしまった。内原町の農業には、こんな明るい話題があったのである。減反・水田転作、専業農家の減少、後継者不足という、お決まりの暗いイメージに包まれた内原町の農業にも、一歩踏み込んで自分の目で探してみれば、こんなに意欲的に農業経営を行って、イチゴの早出し茨城県第一位という成果を上げている人がいたのである。話を聞くうちに、ぜひとも、子どもたちにこの「株冷栽培」の素晴らしさを教えたいという気持ちが沸き上がってきた。

②「株冷栽培」の仕事暦

「株冷栽培」は、簡単に言えば「冬を長引かせる方法」である。秋に花芽の出来たイチゴの株を、冬の一月に冷蔵庫に入れて、そのまま九月まで保存する。九月に冬蔵庫から出されて定植されたイチゴは、急に暖かくなったので「春が来た」と勘違いして、すぐに花を咲かせる。その結果、普通の促成栽培より一か月以上も早い一一月初めに収穫できるという仕組みである。「株冷栽培」も、苗作りは「普通栽培」と同じである。ただ、九月になっても苗はハウスに定植されることなく自然状態のままで畑で育てられる。秋になると、イチゴの苗は翌年の春に備えて花芽の準備をする。そして、しだいに寒さが深まるとともに、苗は休眠状態に入っていく。

一月半ば、イチゴの苗を冷蔵庫に入れる。二月頃までは畑に置いておいても大丈夫なのだが、

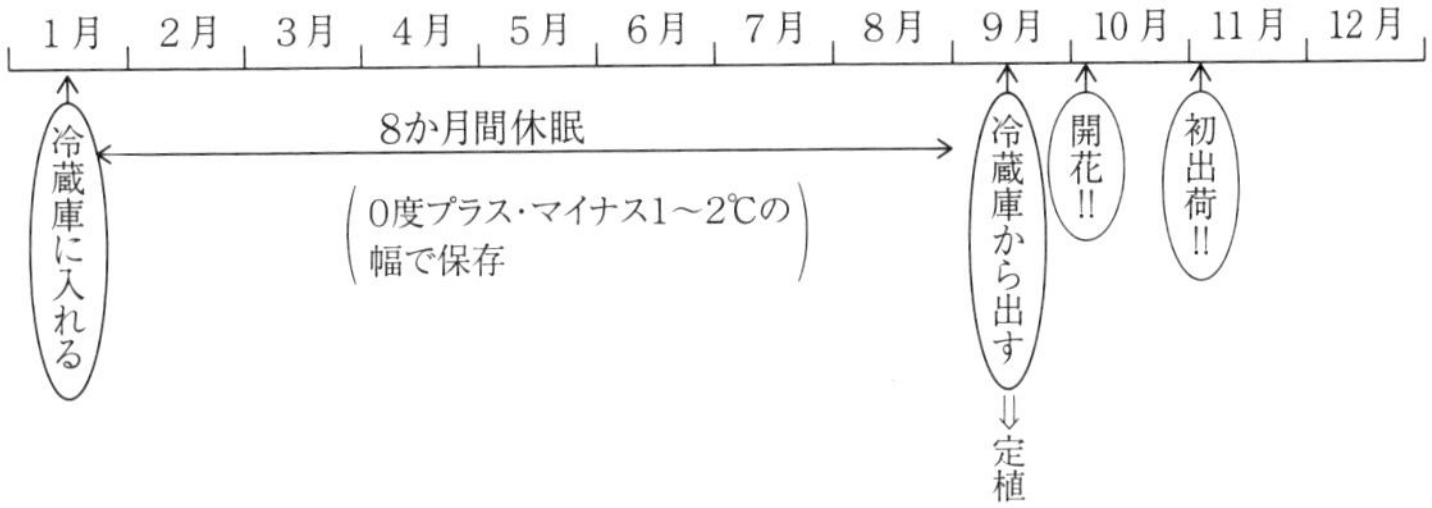

株冷栽培の仕事歴

休眠が覚めてしまっては大変なので、大事をとって早目に冷蔵庫に入れるのだという。冷蔵庫内の温度は、０度プラス・マイナス二度前後にセットされ、そのまま九月までイチゴにとっては長い冬が続くわけである。

去年は、九月二一日の夕方に冷蔵庫からイチゴの苗を取り出した。苗は日陰において、一晩かけてゆっくりと解凍する。定植は、翌二二日に行った。

「株冷栽培」は、この後が忙しい。定植後一週間から二週間ほどで、花が咲いてしまうからである。「普通栽培」なら一〇月半ばにやればよい「マルチかけ」を、「株冷栽培」では花が咲く前にやってしまわなければならない。花が咲き始めてから「マルチかけ」をやったのでは、作業中にどうしても花を痛めてしまうことになる。

「マルチかけ」の後に、「ビニールかけ」がある。保温はまだ必要ないが、花が咲いたら出来るだけ早くビニールをかけてやる必要がある。イチゴの花に雨が直接当たると、やはり花を痛めてしまい、形の良いイチゴが出来なくなるのだそうだ。

こうして、九月の終わりから一〇月の初めにかけて「マルチかけ」と「ビニールかけ」の仕事が続く。「普通栽培」なら灌水だけの忙しさだが、「株冷栽培」では、灌水だけでなく「マルチかけ」と「ビニールかけ」の忙しさが加わるのである。役場のK係長さんの言った「株冷栽培」の増えにくい事情が、より具体的に見えてきたように思った。

③「露地野菜＋イチゴ」だから「株冷栽培」が出来る

それなら、園原さんはどうしてこの忙しさを切り抜けているのだろう。夫婦二人だけの農業という条件は、他の農家と変わらないはずである。そう思って聞いてみると、大和地区は畑作地帯で、園原さんもコメは少ししか作っておらず、畑作中心で夏場はカブを作っているという。園原さんの営農形態は、「露地野菜＋イチゴ」の形なのだった。

④水をかけて暖房！――ウォーター・カーテン法の話――

園原さんのハウスでは、地下水を使った特殊な暖房法をとっていると、農協で聞いていた。園原さんに暖房法について話を聞くと、深井戸から地下水を汲み上げて、ハウス内の上部から霧状にして散布する「ウォーター・カーテン法」という暖房法だという。水は内張りのビニールの上にかかり、イチゴに直接かかることはない。地下水の温度は一四度～一五度位あるので、夜間の外気が零下一〇度以下になっても、ハウス内の温度は六度～七度位に保てるのだそうだ。夜温は、五度以上あれば大丈夫ということだった。

暖房法に関連して、意外な話が聞けた。大和地区などの内原町の南部の畑作地帯は、冬の乾燥がひどいため、気温が零下二〇度にもなることがあるという。逆に、北部の山間の地区や水田地帯では、あまり気温が下がらない。ところがよくしたもので、地下水の方は南部のほうが豊富で、深井戸を掘っても地下水の出るのは常磐線の南側だけだという。冷えこみの厳しい南部で暖房機を使えば、燃料代がかさむ。しかし、「ウォーター・カーテン法」なら、いちど設備投資をすれば電気代だけで、燃料代はゼロである。

暖房法の問題を追っていくと、面白いことに、内原町の地形や地質、気候の問題まで、自然な流れで学べてしまうのである。これなら学習問題になると思った。

(3) 久保田利雄さん

千葉の会の夏の合宿、茨城の会の夏の合宿に参加して、教材発掘の途中経過を報告した後、杉崎地区の久保田利雄さんを訪問できたのは、九月二日だった。久保田さんは六〇歳位、役場の話では、数少ない後継者のいる農家だということだった。去年から「株冷栽培」を始めたもう一人の方である。園原さんのハウスは遠すぎて見学不可能だが、杉崎地区の久保田さんのハウスなら、子どもたちが自分で見学に行ける距離にある。「株冷栽培」の学習をするには、久保田さんに応援していただくしかないのだった。

久保田さんから、この土曜日の午後、二時から六時過ぎまで4時間以上にわたって、詳しく

・常磐線の南側は地下水が豊富
・北部の山あいの地域は気温が1℃～2℃高い
・南部の畑作地帯は冬の乾燥がひどく零下20℃になることもある
・田んぼは、水分があるので、あまり温度が下がらない

（・海洋性気候—水田—暖かい
・内陸性気候—畑—寒い）

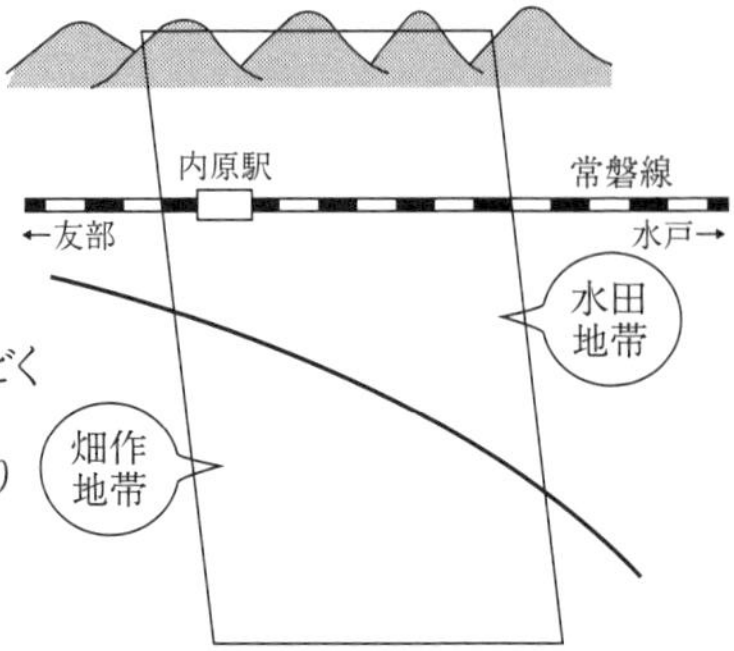

土地利用と気候の関連

イチゴ作りの話を伺い、またハウスに案内されて説明を受けることができた。久保田さんの話を聞いていると、塚本さんに聞いた「普通栽培」のことや園原さんに聞いた「株冷栽培」のことが、また別の色合いをもって見えてくるのを感じた。同じことでも二人の方に聞くことでイメージが立体的になるし、塚本さんや園原さんの話の意味が、久保田さんの話で初めて分かってくるということもあるのだった。本で読んだ知識も確かめることが出来た。

①「株冷栽培」は、やる気の問題？

「株冷栽培」がなぜ増えないかという問題を追求することで、子どもたちに、内原町の農業のもつ本質に出会わせることが出来るのではないかと、私は考えていた。内原町の農業の本質は、「米作り＋□」の形を、夫婦二人の労働力で行っているところにある。

役場のK係長は、「株冷栽培」が増えないのは、米作りの収穫時期と、イチゴの「株冷栽培」の定植・「マルチかけ」・

「ビニールかけ」の作業時期とが重なるからだと指摘していた。今年初めて「株冷栽培」に取り組む三二歳の吉成典彦さんの場合、米作りは親夫婦がやってくれるので、吉成さん夫婦はイチゴ作りの作業に専念できるのだという。園原さんは「露地野菜＋イチゴ」の形であるし、久保田さんには後継者があって労働力は三人である。吉成さん、園原さん、久保田さんの三人とも、「株冷栽培」に取り組める良い条件をもっているのだ。

こうしてみると、「株冷栽培」が増えないのは「米作り＋イチゴ」と夫婦二人の労働力という客観的な条件の問題に思えてくる。

しかし、久保田さんにこのことを聞くと、そんな客観的な条件が問題なのではなく、結局は「やる気がない」から出来ないのだという。内原町のイチゴ農家には、新しい栽培方法に積極的に取り組んで行こうという「熱がない」のだという。「株冷栽培」の導入をめぐって、イチゴ部会の意見がまとまらなかったことについて、久保田さんは残念な思いを抱いているらしかった。

② 「無仮植法」ならどうだろう

久保田さんにハウスを案内してもらっていた時に、もうイチゴの苗が、骨組みだけのハウスの中に植えてある所があった。八月一〇日に定植したもので、二・五アールあり、「無仮植法」というのだそうだ。この栽培法だと、「株冷栽培」のように一一月初めに出荷とまでは行かないが、一二月の上旬には出荷できるようになる。「マルチかけ」などの作業は「普通栽培」と同じく一〇月半ばでよいので、この方法なら「米作り」との共存が可能である。そして、クリスマスの頃やっと出荷という「普通栽培」による内原町の出荷時期を、幾らかでも早めることが出来る。その可能性を探っているのだということだった。

水海道市のKさん、内原町大和地区のIさんと、久保田さんは「無仮植法」に取り組んでいる人の名前を上げて説明してくれた。イチゴの生産は、個人が「早出し」するだけ駄目なので、産地としてまとまって「早出し」を目指さなくてはならない。「株冷栽培」が無理なら「無仮植法」はどうだろうと、久保田さんは考えているらしかった。

③　福島県保原町農協から学んで

「株冷栽培」の技術は、福島県伊達郡保原町の農協から学んだものだという。久保田さんと園原さんが、保原町まで出かけて行って、直接教わって来たのだそうだ。

「株冷栽培」では、八か月間ものあいだ苗を冷蔵庫に入れておくため、この間の苗の管理が一番の心配事である。「苗腐れが恐い」ということだった。去年初めてやったところでは、久保田さんの六〇〇〇本の苗のうち約一五〇〇本の苗が駄目になってしまったという。その分も計算して、苗は余分に用意するのだという。

4 「イナゴがぴょんぴょん跳ねる頃に苗を植える」——苗植えの見学——

「内原町のイチゴ作り」の授業は、単元としては九月と一〇月の二か月間行い、後は三月の末までその時々の問題を見つけて、子どもとともに追求を続けていく計画だった。全体での見学は、塚本正男さんのハウスを中心にして行い、「株冷栽培」については、久保田利雄さんのハウスを個人やグループで見に行かせることにした。

塚本正男さんには、イチゴ作りの特別な仕事がある時には連絡してくれるようにとお願いしてあったので、時々奥さんから電話がかかってきた。九月一三日の朝は、苗畑に行って、断根機を使ってのイチゴの苗の断根作業をビデオに撮った。翌一四日は、ハウスのベッド作りの様子をビデオに撮った。これも畝《うね》上げ機という機械を使っての作業だった。

そして、初めての見学の時がきた。「明日、イチゴの苗の定植をするので、良かったらどうぞ」という連絡が入ったのだ。九月一八日（月）の三・四校時に、二クラス七四名で見学に出かけた。

イチゴ探検　　磯部　幸

きょう、いちごをたんけんに、あこうせきまでいきました。とてもあつかった。せんせいがはやいから、かけていてつかれた。ぜんぜん、いちごはなっていなかった。おばちゃんが（苗を）3ことってくれた。そうしたら、ねっこがいっぱいついていた。いちごはぜんぜんなっていない。おじさんは、「一二月にできるんだよ」といった。まだまだまださきなんだね。そんなにかかるんだ。わたしは、「は――」とおもいました。

見学が急に決まったので、いそいで前の時間に、イチゴについて知っている事を発表しあい、「イチゴの実はなっているか」と「ビニールは張ってあるか」という問題を作って出かけたのだった。クラスの三分の一の子が「イチゴの実がなっていると思う」に手を挙げた。自然のイチゴが何月に花を咲かせ、何月に実をならせるかも、分からない。こういう状態からの出発だった。

磯部幸さんは、根っこの多さに注目している。苗作りの技術によるのか葉の部分の一・五倍ほども根っこが長かった。

いちごたんけん

加藤　友美子

・わたしは、はっぱの大きさは、3～4センチくらいだと思いました。でも、思ったより大きくて、自分の手より少し大きかった。

・（ハウスの）たての長さは、五〇メートル四〇センチもあるなんて思いませんでした。学校のプールにくらべ、2ばい半以上ありました。（正しくは縦七六メートル、横五・四メートル）

・水は家みたいなホースでやると思ったけれど、くだでやったので、よそうとはちがった。（灌水チューブのこと）

・水はすいどうではなく、川の水でやっていました。すいどうではまにあわないくらい水をいっぱいあげるのかな、と思った。

・いちごのがい虫は、がの幼虫や、もっと大きいけむしみたいな物と、思いました。でも、ハダニや、アブラムシの、小さながい虫なので、びっくりしました。

・一つの畑には、五〇本や六〇本ぐらいうえればいいのかなと思ってたけど、一万本うえるなんてびっくりしました。

・わたしは、めしべ・おしべが、あるのかと思いました。でも、めしべ・おしべがいっしょだった。

・水がくるのは、上だけしか出ないと思った。でも、上・下・右・左、こんなに水がくるかとは、思わなかったです。

・ビニールは、かけてあるのかな、と思ったけれど、していなかった。むこうで思いました。太陽の光によくあびるんだな、と思った。

塚本正男夫妻は、子どもたちの近くでイチゴの苗を植えて見せてくれた。その上、苗と苗の間に敷いた灌水チューブで水やりをするところも、わざわざポンプを動かしてやって見せてくれた。

子どもたちの中には、加藤友美子さんのように塚本正男夫妻の言葉に耳を傾け、自分から質問もしてメモを取った子もいた。しかし、しばらくするうちに飽きてしまい、イナゴ取りになってしまう子もいた。

塚本さんは子どもたちに、

「イナゴがぴょんぴょん跳ねる頃に苗を植えるんだ」

と説明していた。イナゴは「稲子」の意味だから、「イナゴがぴょんぴょん跳ねる頃」は、稲刈りの季節である。イチゴの定植の時期が稲刈りの季節と重なることを、この言葉は見事に表している と、私は感心して聞いていた。

5　研究問題を作ろう

最初の見学はきっかけに過ぎない。私は、子どもたちに調べることの面白さを味わわせたいと思った。「イチゴの世界」その物の面白さとともに、「イチゴの世界」を自分自身で「探検する」面白さを知ってもらいたいと思った。

「一つのイチゴの株から五〇個の実が取れる」ということは、単なる知識としても面白いが、「何個ぐらい実がなるのだろう」と自分で疑問をもって、「一〇個かな、二〇個かな」とみんなで予想しあった後、イチゴ農家を訪ねたり電話をかけたりして調べてみると、面白さの質が違ってくる。「五〇個もなるんだって」という驚きを、みんなに知らせずにはいられなくなってくる。

そしてこの問題は、①「五〇個が一度になるのだろうか」という疑問や ②「一株のイチゴ五〇個で幾らぐらいの収入になるのだろう」という疑問につながっていく。①からは、1番果、2番果というイチゴの実のなりかたの学習が出来るし、②からは、月別のイチゴの値段の学習が出来る。

一つの知識の発見が、いもづる式に次の知識の発見につながっていく。その予想外の展開が、面白いのではないだろうか。

それには、まず子どもたちに自分自身の疑問をもたせる必要がある。この疑問は、学習問題とか、研究問題と言っていいだろう。

(1) 「見つけたこと」から「疑問」を作る

塚本ハウスを見学して「見つけたこと・分かったこと（発見）」を書いた後、そこから「疑問（分からないこと）」を作る練習をした。

> ①（発見） 近くに川が流れていた。
> （疑問A） どうして近くに川が流れているのだろう
> （疑問B） イチゴ畑の近くに川が流れていなかったらどうなるだろう。

塚本ハウスは古屋《こや》川の脇にあって、灌水用の水はこの川水を利用している。「イチゴは水で作る」と言われ、灌水用の水をどこから得るかイチゴ農家にとって大問題である。だから、川の水に注目した点はとてもいい。

（疑問A）は、何となく変だが、塚本ハウスの周囲を見渡してみると、一つの決まりがあることに気付く。近くのビニールハウスは、みんな古屋《こや》川の川沿いにあるのだ。ハウスの近くに川が流れているのは偶然ではない。わざわざ川沿いの水田にハウスを作ったのである。

（疑問B）は、発展性のある良い問題だと思う。内原町のイチゴハウスは、ほとんど川水を使っているが、井戸水を使っているハウスも少しだけある。もし近くに川がなかったら塚本さんはどうするだろう。「自分がイチゴ農家ならどうすればよいかな」。

子どもたちは、「水道を使う」とか「井戸を掘る」とか言った。水道では、水道代が大変である。子どもたちの中には、他の地区のイチゴ農家に電話して、「井戸水か川水か」と聞く子も出てきた。

見学のとき、塚本さんは「灌水チューブは一年毎に取り替える」と言っていた。川水なのでどうしても砂や小石が入って、灌水チューブの穴を詰まらせてしまうのだという。それなら、井戸水利用の久保田ハウスではどうなのだろう。後で聞いてみると、「灌水チューブは二〜三年は持つ」と言っていた。

塚本さんは、冬になると、川の水位が下がったり、水温が低くなったりする問題点についても話していた。「だから、灌水はなるべく午前中にするようにしている」と言う。そうすることで、灌水による温度の低下を最小限に留めることが出来るのだそうだ。園原ハウスが、井戸水を使って暖房をしているのを知ったら、子どもたちはどう思うだろう。

> ②（発見）まだイチゴはなっていなかった
> （疑問）いつごろなるのかな。

「なぜイチゴがなっていないのか」とか、「どうしてイチゴがなっていないのか」と問題を作ってしまうと答えられなくなる。そうではなく、「いつごろ」と時期を問題にすることで、初めて課題が明確になる。この「いつごろ」の問題を幾つかやって行けば、「仕事暦」の学習につながるのだろう。

③　（発見）　とってもいっぱいイチゴの苗がうわってた。
（疑問）　何日かかるかな。

大多数の子が、「苗は何本あるのかな？　答え　一万本」とやっていた中で、弓野智之君だけが、「何日かかるかな」と、仕事量というか日数を問題にしていた。この疑問には、私自身が教えられた思いがした。

見学したとき、苗植えの仕事をしていたのは塚本さん夫婦二人ではなかった。他の農家の方が、二人手伝っていたのだった。夫婦二人では「何日もかかる」ような大きな仕事の場合は、イチゴ農家同士が二軒ひと組、三軒ひと組と組になって、共同で仕事をするのである。

(2)　灌水チューブの穴はいくつか

「塚本ハウスで見つけたこと」を話し合っていた時、「灌水チューブの穴はいくつか」ということが問題になった。苗と苗の間に敷かれた灌水チューブからは、水が噴水のように二列になって上がっていたので、私は穴は二つだと思い込んでいたのだが、子どもたちから「塚本さん

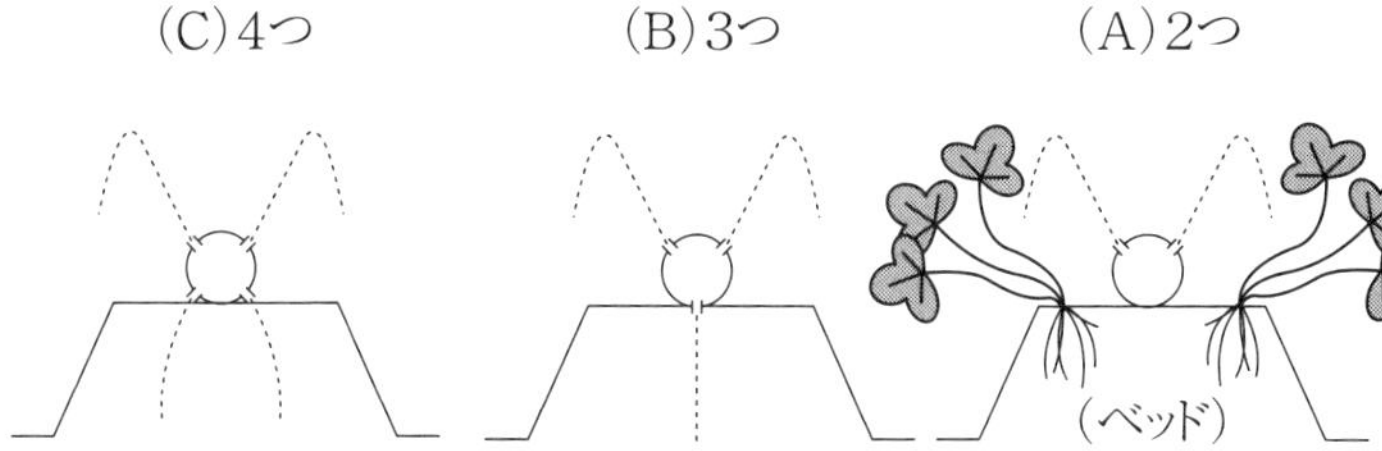

灌水チューブの穴はいくつか

が三つだと言った」とか「四つだかんねえ」とかいう意見が出て、賑やかな言い合いになった。

灌水チューブの穴はいくつか
A　二つ　B　三つ　C　四つ

　二人の子が、調べに行ってくれて、塚本正男さんがいなかったので別のイチゴ農家に行って聞いたところ「三つだって言った」と報告してくれた。ところが、後で久保田さんに聞いたところ、「灌水チューブの穴は構造上四つになるはずだ」と教えられた。

　これは、問題の立て方がまずかったのかもしれない。「穴はいくつか」ではなく、「水の出る方向はいくつか」とすれば、聞かれた方も答えやすかっただろう。

　この二人組は、イチゴ探検隊の先発隊ともいうべき存在で、灌水チューブでの勘違いはあったものの、この時も、イチゴの苗の実物を何本も貰ってきたり、農薬の名前を聞いてきたりしてくれて、大変有難かった。私はイチゴの苗を教室に置きたいと思っていたのだが、どうにも「苗を下さい」という言葉が言い出せなかった。人に物を頼むことが、私にはなかなか出来ないのだった。そういう教師の堅苦しさを、この二人組は難無く乗り越えているのだ。後で聞くと、「苗はかなり余裕をもって作ってあるので、学校の花壇に植えるならいくらでもあげますよ」ということだった。

(3) 苗をベッドに植えるのはなぜだろう

イチゴの苗は、ベッドと呼ばれる高く土を盛り上げた畝に植えられる。有名な「石垣イチゴ」とは作り方が違っている。「苗をベッドに植えるのはなぜだろう」（何かいいことあるのかな?）と聞くと、子どもたちからは次の五つの考えが出た。

苗をベッドに植えるのはなぜだろう。 ① 虫がつかないから（あきら） ② 実がとりやすいから（学） ③ 実がよごれないように（洋） ④ 実に日光が良く当たるように（明子） ⑤ 平らだと人の通る道がないから（友美子）

②③④は、納得がいくが、①と⑤はどうだろうか。①は、後で出てくる「水捌け」のことを考えれば、平面よりもベッドの方が病気になりにくいということはあるかもしれない。⑤は「平らな畑にも通路はある」ということになった。

有美子さんは、帰宅後、この問題について電話作戦で調べてくれた。内原小の隣にある日本農業実践大学校の目黒さんに聞いたところ、「水捌けをよくするため」と「実がとりやすいから」という二つの理由を上げてくれたという。発表したくてたまらないという様子だった。ちょっと心配になったので「水捌けってどういうこと?」と聞いてみると、「分からない」と言う。そこで、みんなで「水捌け」について考えてみた。

よく「内原小学校の運動場は水捌けがいい」と言われるので、その例を上げて、「水捌け」とは、「水が沁み込むこと」「水が流れること」と説明した。しかし、子どもたちの顔を見ると、「土を高く盛り上げること」と「水捌けがよくなること」との因果関係が十分には理解できていないようだった。

(4) ミツバチをどうやって手に入れるか

「イチゴの育ち方と仕事の暦」という学習をした時のことである。岡田智美さんが近所のイチゴ農家から、イチゴ農家用の大判の栽培暦を貰ってきた。《「女峰」いちごの作り方》という題がついている。みんなでこの暦を見ていくと、一一月の欄に「蜜蜂導入」と書いてあった。

ここは、あえて説明を控えて「何のためにミツバチを入れるんだろうね」と問題を投げかけておいた。

青柳有美子

さいしょに蜜蜂と聞いたときは、何のことか分かりませんでした。蜜蜂に何のかん係があるのかなあ、と思いました。蜜蜂が花のみつをすいに行くのかなあとか、もうビニールがかかっているのに入れないよなあ、と思いました。わたしの考えでは、つかまえて来てイチゴハウスの中に入れると思います。

何という面白い発想だろう。ミツバチの生態や養蜂についての知識を持っている大人には、馬鹿馬鹿しいような考えかもしれない。しかし、これが子どもの考えなのである。こう考えているのは有美子さんだけではないに違いない。だったら、授業はそこから出発しなくてはいけないと思った。

有美子さんは実に論理的である。「もうビニールがかかっているのに（外から自然にハウスの中には）入れないよなあ」と、「蜜蜂導入」が「ビニールかけ」の後であることをよく考えた上で、それなら、「蜜蜂をつかまえて来てイチゴハウスの中に入れる」しかないと結論づけている。

授業でこの問題について話し合いをしたところ、全部で四つの考えが出た。

> ① 外からつかまえて来る（武人）
> ② 巣を見つけて来る（友美子）
> ③ ハチを売っているお店から買う（智美）
> ④ ハチが勝手に入って来る（聡）

四つともいい考えだなあと思った。④の聡君の考えにも理由があるのだ。たとえ「蜜蜂導入」が「ビニールかけ」の後でも、ビニールハウスはいつも密閉されているわけではない。日中はビニールの一部を開けるのである。そうしないと、温度が四〇度を越えてしまう。聡君は、そのビニールを開けた所から自然のハチが入って来ると言うのだった。

「四つともいい考えだけれど、正解はこの中にはありません。塚本正男さんは、ミツバチを——

——」

と言って、黒板に、

「ハチ屋さんから借りる」

と書いた。すると、加藤武人君が、

「ハチ屋さんなんてあるのお?」

と素っ頓狂な声で叫んだ。みんなも同じような気持ちらしかった。この「驚き」こそが大事である。この「驚き」が学習のエネルギーになるのだ。

6　ハチ屋さんをめぐって

(1)「タウンページ」を見てごらん

「ハチ屋さんなんてあるのお?」

と言う子どもの声を聞いて、「タウンページ」が使えるかもしれないと思った。さっそく「タウンページ・茨城県水戸地区」版を引いて「養ほう業」の所をコピー、印刷して、次の時間に子どもたちに配った。

水戸地区だけで七軒のハチ屋さんがある。水戸地区ではないが「みつばち販売」(「はちみつ販売」ではない)と書いてある「武州養蜂園」の広告を見れば、いよいよハチ屋さんの存在は明らかである。

この「タウンページ」のコピーを見ているうちに、子どもたちの中から、

「塚本正男さんは、どこのハチ屋さんからハチを借りているか」

という問題が出てきた。

(2)　どこのハチ屋さんから借りるか

翌日、岡田智美さんが調査結果を報告してくれた。岡田さんは、イチゴ農家が七軒ある赤尾関地区に住んでいて、その上、おばあちゃんが応援してくれるので、こういう時の調査は早い。塚本正男さんではなく、塚本源一さんのお宅を訪ねて聞いたと言う。

問　どこのハチ屋さんから借りるのですか。 答　浅川養蜂場です。日立のほうから借りる人もいるそうです。

問　借り賃は、一箱いくらですか。 答　一万三千円です。

借り賃が、一箱一万三千円というのは、多くの子どもたちにとって驚きだったようだ。一箱二千円か三千円、高くても五千円というのが大方の予想だったからである。

岡田さんの「浅川さんから借りる」という報告を聞きながら、私は、「困ったなあ」と思っていた。私が、塚本正男さんや農協のFさんから聞いた話と少し違っているからだ。塚本正男さんもFさんも、「去年から、内原町のイチゴ農家は金田昭二さんというハチ屋さんに変わっ

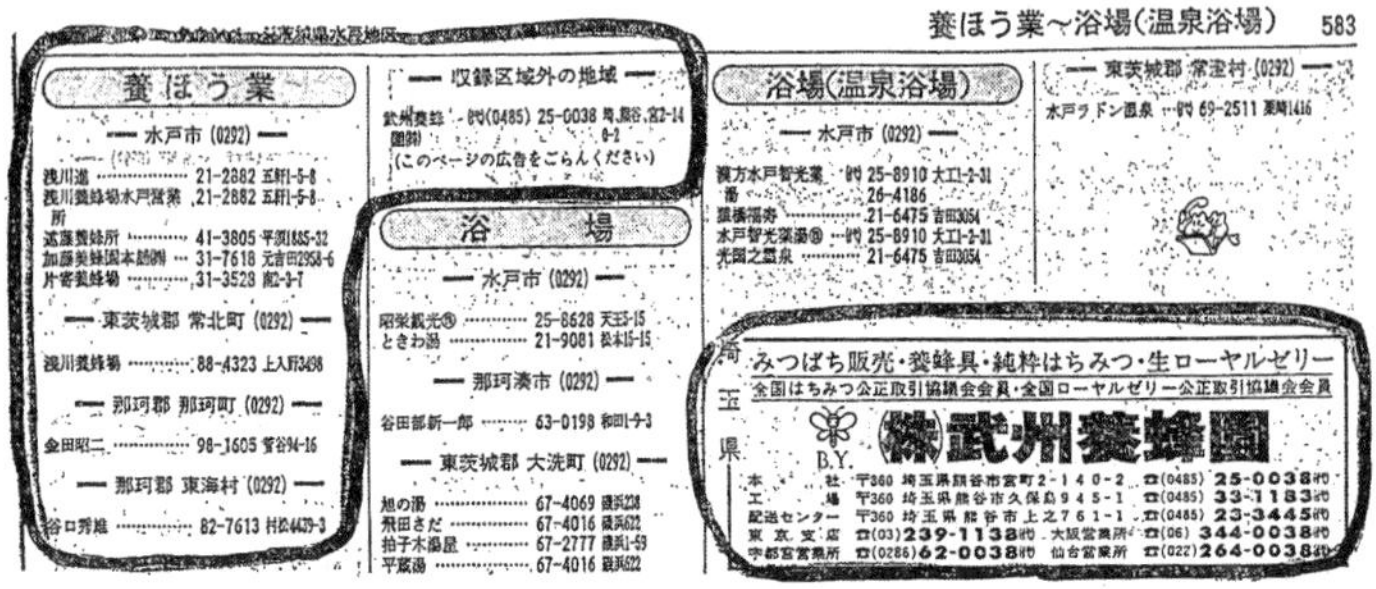
養ほう業～浴場(温泉浴場)　583

養ほう業

―― 水戸市 (0292) ――
浅川進 …… 21-2882 五軒1-5-8
浅川養蜂場水戸営業所 …… 21-2882 五軒1-5-8
遠藤養蜂所 …… 41-3805 平須1885-32
加藤養蜂園本部 …… 31-7618 元吉田2958-6
片寄養蜂場 …… 31-3528 南2-3-7

―― 東茨城郡 常北町 (0292) ――
浅川養蜂場 …… 88-4323 上入野3498

―― 那珂郡 那珂町 (0292) ――
金田昭二 …… 98-1605 菅谷94-16

―― 那珂郡 東海村 (0292) ――
谷口秀雄 …… 82-7613 村松4439-3

―― 収録区域外の地域 ――
武州養蜂園(株) …… (0485) 25-0038 熊谷,宮町2-14 0-2
(このページの広告をごらんください)

浴　場

―― 水戸市 (0292) ――
昭栄観光 …… 25-8628 天王5-15
ときわ湯 …… 21-9081 松本15-15

―― 那珂湊市 (0292) ――
谷田部新一郎 …… 63-0198 和田1-9-3

―― 東茨城郡 大洗町 (0292) ――
旭の湯 …… 67-4069 磯浜228
飛田さだ …… 67-4016 磯浜622
拍子木湯屋 …… 67-2777 磯浜1-59
平蔵湯 …… 67-4016 磯浜622

浴場(温泉浴場)

―― 水戸市 (0292) ――
漢方水戸智光薬湯 …… 25-8910 大工1-2-31
　　　　　　　　　　26-4186
猫橋福寿 …… 21-6475 吉田3054
水戸智光薬湯 …… 25-8910 大工1-2-31
光圀之霊泉 …… 21-6475 吉田3054

―― 東茨城郡 常澄村 (0292) ――
水戸ラドン温泉 …… 69-2511 栗崎1416

埼玉県
みつばち販売・養蜂具・純粋はちみつ・生ローヤルゼリー
全国はちみつ公正取引協議会会員・全国ローヤルゼリー公正取引協議会会員
B.Y.
(株)武州養蜂園
本社　〒360 埼玉県熊谷市宮町2-140-2　☎(0485) 25-0038代
工場　〒360 埼玉県熊谷市久保島945-1　☎(0485) 33-1183代
配送センター　〒360 埼玉県熊谷市上之761-1　☎(0485) 23-3445代
東京支店　☎(03) 239-1138代　大阪営業所　☎(06) 344-0038代
宇都宮営業所　☎(0286) 62-0038代　仙台営業所　☎(022) 264-0038代

タウンページ「養ほう業」と武州養蜂園の広告

た」と話していた。「農協が斡旋して、みんな金田さんから借りている」とも言っていた。浅川さんというのは、一昨年まで借りていたハチ屋さんだということだった。

しかし、岡田さんの報告も無視できない。何か理由があるのかもしれない。それに、

「日立のほうから借りている人もいる」

というのは、初めて聞くことだったので、私は余計に分からなくなってしまった。

この日、細谷理恵さんと金沢律子さんが、代表で塚本正男さんに電話して確かめてくれた。その結果は、やはり金田さんだということだった。

(3) 茨城県にハチ屋さんは一九軒

学校には、「タウンページ」が水戸地区版しかなかった。茨城県全体のハチ屋さんが何軒あるのか知りたいと思い、両親ともNTT勤務の桜井聡君に調査を頼んだ。

各地区版の「養ほう業」の所のコピーさえいただければ、こ

ちらで印刷して配ってやることが出来ると思っていた。ところが、桜井君の持って来てくれた資料を見てみると、電話帳のコピーどころか、それが茨城県の白地図の上にきれいに整理して記入されているではないか。私のやるべき仕事を、桜井君のお母さんがすっかりやってくれていたのであった。おまけに、クラスの人数分コピーしてあったので、そのまま授業で使わせてもらった。

この地図を見ると、岡田さんの報告してくれた「日立のほうのハチやさん」の名前が渡辺良司さんとすぐ分かる。

この後、この地図を利用して、日立市の渡辺さんをはじめとして各地のハチ屋さんに電話して調査を始める子が何人も出て来た。ミツバチの本を読んでやったり、ハチ屋さんについての資料（平凡社『アニマ』八九年一〇月号・畑田国男「動物仕事人評判記・ハチ屋稼業一代・養蜂業・西尾予芝末さん」）を配ったりしたこともあって、しばらくはハチ屋さんブームが続いた。

(4) ハチ屋さんからの手紙

ハチ屋さんブームが去った後の一二月の初め、青柳有美子さんと岡田智美さんが「ハチ屋さんに手紙を出したら返事が来た」と言って、その手紙を持って来た。二人で相談して、浅川さんと金田さんに質問の手紙を書いたのだと言う。

① 《浅川養蜂場からの手紙》

青柳有美子様

ご質問のお返事です。

(1) 蜂をかすのは、おもに果物等の花粉交配用です。

いちごの場合

内原町　一人　二箱

内原町他　六〇人　四五〇箱

なし、メロン、すいかの場合

内原町　一〇人　二五箱

町外　二〇〇人　四五〇箱

上記は年によって違いますので、だいたいの数字です。

(2) 当養蜂場は、他の養蜂家の方と違い全国はまわりません。山や野に置くためには各県の許可が必要です。うちは一応県内だけで、那珂郡の山方町から、下館や八千代町の範囲です。移動養蜂に入るでしょうか。(3)(4)(5)(6)（省略）

ご質問のお返事、わかりましたか。

内原町は、果樹栽培がとても盛んですので、どこかで蜂を見かけられたこともあると思います。蜂は薬に弱く、とてもおくびょうな生き物です。急に棒などをふりまわしたりしておどろかすと、むかってきて刺されてしまいますので、気をつけてください。こわくてもじっとしていれば、どこかに飛んでいってしまいます。人を刺した蜂はその場で死んでしまいます。

蜂の世界はとても面白く、人間の世界にとても似ています。自由に飛びまわっているように見えても、とてもしっかりしたルールに従っているのです。

このようなことで、お勉強のお役に立てるのでしたら、いくらでもお返事を書きますので、どんどんお手紙をください。

しっかり、頑張ってくださいね。

浅川　栄子

平成一年一一月二九日

岡田智美様（一二月二日　那珂局・消印）

②《金田昭二さんからの手紙》

お手紙拝見致しました。内原町のイチゴハウスには、五〇箱程貸してあります。

春になりますと、真壁町の小玉スイカのハウスに百群程貸します。あと百群は蜜を採る箱です。蜜を採る群は、ハウスへは貸しません。

ビニールハウスの中では、蜜はたまりません。冬の間は花も少なく寒いので蜜を集めることは出来ませんので、砂糖蜜を食べさせます。蜜蜂は2月頃から卵を生みます。卵から3日位でウジになり、一一日位目でサナギになり、十日程で蜂になって生まれて来ます。卵から蜂になるまで三週間かかります。

近い所へ蜂屋さんが来て、仕事を手伝うようになり、それがきっかけで蜂をかうようになりました。昭和二三年からですので四〇年位になります。

一つの箱の中には女王蜂が一匹います。子を生むのは、女王蜂が産みます。蜂は、花から出す蜜と花の花粉を食べて生きています。子を育てるには、沢山な花粉が必要です。天気が悪かったり花が少ないと、子が育たなくなります。

岩手県、青森県の方へ移動しますので、転地養蜂です。

簡単ですがお返事とします。

この手紙は、さっそく印刷してみんなで読み合った。内原町以外のイチゴ農家でも、やはりハチ屋さんからハチを借りていることや、ナシ・メロン・スイカなどのハウス栽培でもハチを使っていることがよく分かる。また、「ビニールハウスの中では、蜜はたまりません」というのは、初めて分かったことだった。

浅川さんと金田さんには、何とお礼を言ったらよいか分からない。何人もの子どもから同じような電話がかかってきたり、質問の手紙が届いたりして、さぞかしご迷惑であったろうと思う。それを、こんなに親切に答えて下さったことに対して感謝の気持ちでいっぱいである。

7 「株冷栽培」の秘密を探る

一〇月のイチゴの授業は、塚本ハウスの「普通栽培」と久保田ハウスの「株冷栽培」との二本立てで進んだ。「普通栽培」の方では「葉かき・ランナーかき」、「マルチかけ」、「ビニールかけ」などの作業を扱い、「株冷栽培」の方では、イチゴの花が咲き、実が出来ていく様子や、収穫・出荷の仕事を取り上げるという計画だった。そして、一〇月一七日の授業研究では、「株冷栽培」による早出しの問題を追求しようと考えていた。

九月の末に、久保田ハウスに出かけてみると、「株冷栽培」の苗にはもう花が咲いていた。初めて見る「株冷栽培」の苗は、びっくりするほど小さかった。「普通栽培」の苗の三分の一程の草丈しかないのだった。今年は、九月一三日の午後に冷蔵庫から出して、一四日と一五日の二日間で定植をしたいという。去年より一週間早いので、一〇月の末には出荷できるのではないかという話だった。

冷蔵庫から出した苗は、流水に浸して解凍してやると、すぐに根が出始め、葉も動き出すのだという。早いものは定植後三日で花を咲かせたということだった。八か月もの長い眠りから覚めたイチゴの苗が、再び活動を始めた場面は、どんなに感動的だったろう。しっかりとそれを、自分の目で見ておくべきであった。この時の取材が出来なかったことが、授業の弱さにつながったように思う。迷惑をかけてはと惧れる「気持ちの弱さ」がここにも顔を出して、社会の現場に大胆に踏み込んでいく行動力を妨げているのだった。

(1)「〝花が咲いてる!〟〝実がなってる!〟」

子どもたちに、久保田ハウスの「株冷栽培」のイチゴを見に行かせたい。それも、個人やグループでばらばらに行かせて、能動的な見学の面白さを体験してほしいと思った。一人の子の見学の報告が、周囲の子の見学を呼び起こすような形になることを願った。

そこで、一〇月八日(日)に久保田ハウスのビデオ撮りをして、一一日(水)に子どもたちに見せることから始めた。

久保田としおさんのイチゴハウス
古橋　由紀
わたしはまだ、イチゴの実がなってないと思ったら、「あらら」、緑の実がなっていまし

た。わたしは「すごいな」と思いました。
先生がかめらを（回して）、「ぐーん」と
ハウスの中をうつしていたら、ひらひらのチョウチョさんがいました。チョウチョさんは、ハウスの中を、パタパタさせていました。ハチさんもでした。いつのまにか、ハチさんは、いちごの花にとまって、わたしは、きっとかふんをつけているんだな、と思いました。
イチゴの実のたれさがるほうにビニールをかけてありました。わたしは、「きっと、イチゴの実がよごれないようにかな」と思いました。

ビデオを見て疑問に思ったことを、電話で聞いた子もいた。

宮崎　学

おばちゃんがでました。「三年一組の宮崎学なんですけど、いちごのことできいていいいですか」ときいたら、「いいですよ」といいました。そしてぼくは、「きょう学校でくぼたさんのいちごのハウスをみたんだけれども、くろいのがいちごのなえのところにかぶさっていてかんすいちゅーぶがないんですけれど」といったら、おばちゃんは、「黒いビニルの下にかんすいちゅーぶはあるんですよ」とおしえてくれました。

久保田ハウスは学区外にあり、徒歩で行くと三〇分以上かかってしまう。そこで、久保田ハウスへの案内図をのせたお便りを作って、親の応援を求めることにした。

花がさいてる！　実がなってる！
外から見るならOK
久保田利雄さんのイチゴハウス

・車でなら一〇分で行けます。
・枝川精肉店コースと杉崎十字路コースと、どちらからでもだいじょうぶ。
・もう、花が咲いて、実がなっています。
・ハウスの外から見るのならOK。

（くれぐれも中へは入らないようにネ）。
・親子でびっくり、この早さ。
（どうしてこんなに早くイチゴの花が咲くのかな）。
・電話は夕方に　59-＊＊＊＊
農家は早ね早おきです。
電話のかけ方（あいさつ・お礼）はうちの人に教わって下さい。

さいわいにも親の協力が得られて、土曜・日曜を利用して、一〇人以上の子が久保田ハウスの見学に行ったということだった。「どうせ連れて行って貰えない」と、初めから諦め顔の子もいたので、金曜の夕方に私自身の取材をかねて、三人の男の子を車に乗せて見学に行ったりもした。

これらの子どもたちの報告を聞く中で、学級の中に「株冷栽培」についての理解と関心が少しずつ高まっていった。

(2) 新聞記事を捜して

久保田さんたちの「株冷栽培」のことが昨年の茨城新聞に紹介されたという話を、久保田夫人から耳にした。九月の末に久保田ハウスを訪ねて、夫人から話を聞いていた時だった。本人が言ってくれないので、それまで分からなかったのである。久保田さんに新聞記事のことを確かめると、自分では切り抜いてないが、役場のK係長さんが持っているかもしれないと言う。

Kさんに電話して、その新聞記事の切り抜きを捜していただいた。「見つかった」という連絡があったので拝借しに伺ったところ、それだけでなく、イチゴの出荷の問題を初めとして、内原町の農業全体について問題点を詳しくお話して下さった。

(3) 学級にイチゴの株をいただけませんか?

一〇月だというのに、もうイチゴの花が咲き実がなっている。この「株冷栽培」の不思議さ・素晴らしさを、子どもたちにもっと身近に感じさせたいと思った。実物を学級に置いて、これから実が赤くなっていく様子を観察できたらどんなに楽しいだろうと思った。しかし、あと一〇日程で出荷できるまでに育ったイチゴの株である。いくらなんでも図々し過ぎる。頼めば下さるに違いないだけに、言い出しにくかった。

思い切って頼むと、久保田さんは、快くイチゴの株を二つ分けて下さった。掘り取った跡を丁寧に直しながら、

「母ちゃんに分かんないようにな」

といって笑った。そして、保温の仕方や肥料のやり方を、地面に図を書きながら教えてくれるのだった。まったく何と感謝したらよいか分からない。

月別のイチゴのねだん　1988年~1989年　円／kg

月	11月	12月	1月	2月	3月	4月	5月	6月
ねだん	1550円	1350円	800円	660円	660円	500円	380円	320円

(4) 授業「株冷栽培の秘密を探る」

一七日（火）の校内社会科授業研究会で、「株冷栽培の秘密を探る」と題して授業研究を行った。自分としては、まあまあよく出来たと思っていたのだが、佐久間勝彦先生に茨城の会に来ていただいて検討した時には、途中でビデオを見るのが辛くなってきた。

ここでは、佐久間先生の批評も交えながら簡単に振り返ってみたい。

① イチゴの月別価格表を見て話し合う

年を越すと、イチゴの値段は一一月の約半値になってしまう。そのため、イチゴ農家は何とか「早出し」をして収益を上げようとしている。値段表を見ながら「株冷栽培」という「早出し」法が出てくる背景を摑ませたいと思った。授業では一一月と一二月を空欄にして示し、気が付いたことを言わせたあと、一一月と一二月の値段を予想させた。

C　八〇〇円より高くなんじゃないか。千円くらい。

C　四〇〇円くらい。出来たばっかだから少ないから。

C　一二月はまだ完全に出来てなくって、まだおいしくないから。一月より安い。

年内のほうが安いという思わぬ意見が出て最初から手こずってしまった。値段

イチゴの早《はや》出《だ》し 茨城県《いばらきけん》第《だい》1位《い》・久保田利雄《くぼたとしお》さん

'88. 11. 16. いはらき(茨城新聞)

イチゴ出荷

内原 超促成栽培が成功

イチゴの収穫に精を出す久保田さん夫妻

東茨城郡内原町の農家で、早くもイチゴの収穫がピークを迎えている。開花直前の苗を今年一月から九カ月間冷蔵し、生育をストップさせた上で定植したもので、通常の促成栽培より一カ月以上も早い"超前進出荷"。県内で初めての試みだが、現在のところ市場価格は通常の倍以上の高値で取引されるなど、上々の成果を上げている。

この農家は同町杉崎の久保田利雄さん(50)。この栽培法は、水戸地区農業改良普及所が先進農家活動強化推進事業の一環として、久保田さんと同町鯉渕の園原宗憲さんの二農家を対象に、今年初めて試験的に実施。

前の年に育てたイチゴの苗を開花直前の今年一月中旬から近くの冷蔵庫にマイナス二度前後で保存。九月に定植し、ビニールハウス内で加温しながら育成。久保田さんの場合、既に今月上旬から出荷を始めている。

通常の促成栽培は早くても十二月上旬から収穫がスタートするため、五十日近くも早い。

かなりの前進出荷のため、市場価格は現在通常一パックで三百八十円(昨年の出荷時)の倍の六百五十―八百円で取引されている。

久保田さんは「初めてのことなので苗がうまく保存できるか、定植できるかなど不安材料はいくつもあった。今は収穫うんぬんより収穫、出荷できたこと自体が何よりの収穫」と自信をつけている。

—初出荷《はつしゅっか》は 11月6日!!—

- ふつうの イチゴ農家《のうか》(クリスマスのころ初出荷《はつしゅっか》)より 50日も早い。
- マイナス2度で約《やく》8か月の間《あいだ》冷蔵庫《れいぞうこ》に入れておく。
  —1月なかば から 9月なかばまで—
- 9月に定植《ていしょく》(苗植《なえう》え)。
- 1パック 650円から800円。
- “長期《ちょうき》株冷《かぶれい》方式《ほうしき》”
  —茨城県で内原だけ—

〜鯉淵《こいふち》・大和《やまと》地区《ちく》の園原宗憲《そのはらむねのり》さんもいっしょです。〜

('89. 10. 17(火)「教室日記」号外)

表のカードを配って予想値段を記入させたあと、一二月の値段を聞いてみると、一月より安いという子が半数もいた。

T　一二月は、先生が役場で聞いたところでは一三五〇円。(C　えー　C　嘘!)

T　じゃ、一一月はどうなる。

C　上がる!

C　二三〇〇円。

C　一六〇〇円。

C　一六五〇円。

(佐久間……ここのやりとりは、値段の当てっこの面白さで、子どもたちは考えていない。年内と年明けとどちらに値段のピークがあるかグラフで整理してやるといい。そして、その根拠を言わせて板書する。値段よりその根拠の方が大事だ。)

② 昨年一一月六日の県内初出荷が内原町の農家であることを知り、その栽培方法について考える

この農家が久保田さんであることは、すぐに子どもたちに分かった。そこで、茨城新聞の記事を紹介した。そこには「株冷栽培」の方法が書いてある。子どもたちに配ったプリントには、「ふつうのイチゴ農家（クリスマスのころ初出荷）より五〇日も早い」「マイナス二度で約八か月の間冷蔵庫に入れておく」というように記事の要約を付けておいた。

この日の朝のニュースに、栃木県真岡市のイチゴの初出荷のことが出ていたことを話題にすると、八人の子がこのニュースを見て知っていた。「一キロ当たり一七〇〇〇円」と教えた。後で久保田さんに聞くと「一パック当たり一七〇〇円だろう」と言っていた。

久保田さんからいただいたイチゴの実物も「普通栽培」の実物と一緒に、ここであらためて提示して、「どうしてこんなに早く出来るのだろう」と問いかけた。

（佐久間…栃木の例はここでの追求には不要である。イチゴの実物よりも、もっと暦を使って説明できるのではないか。）

③ 「イチゴの育ち方と仕事の暦」（「普通栽培」）と比べながら、「株冷栽培」の暦を作る

両方とも、「苗の定植」は九月の半ばで同じである。違うのは「開花の始まり」で、ここにポイントがある。授業では、「株冷栽培」の「開花の始まり」を考えさせた。

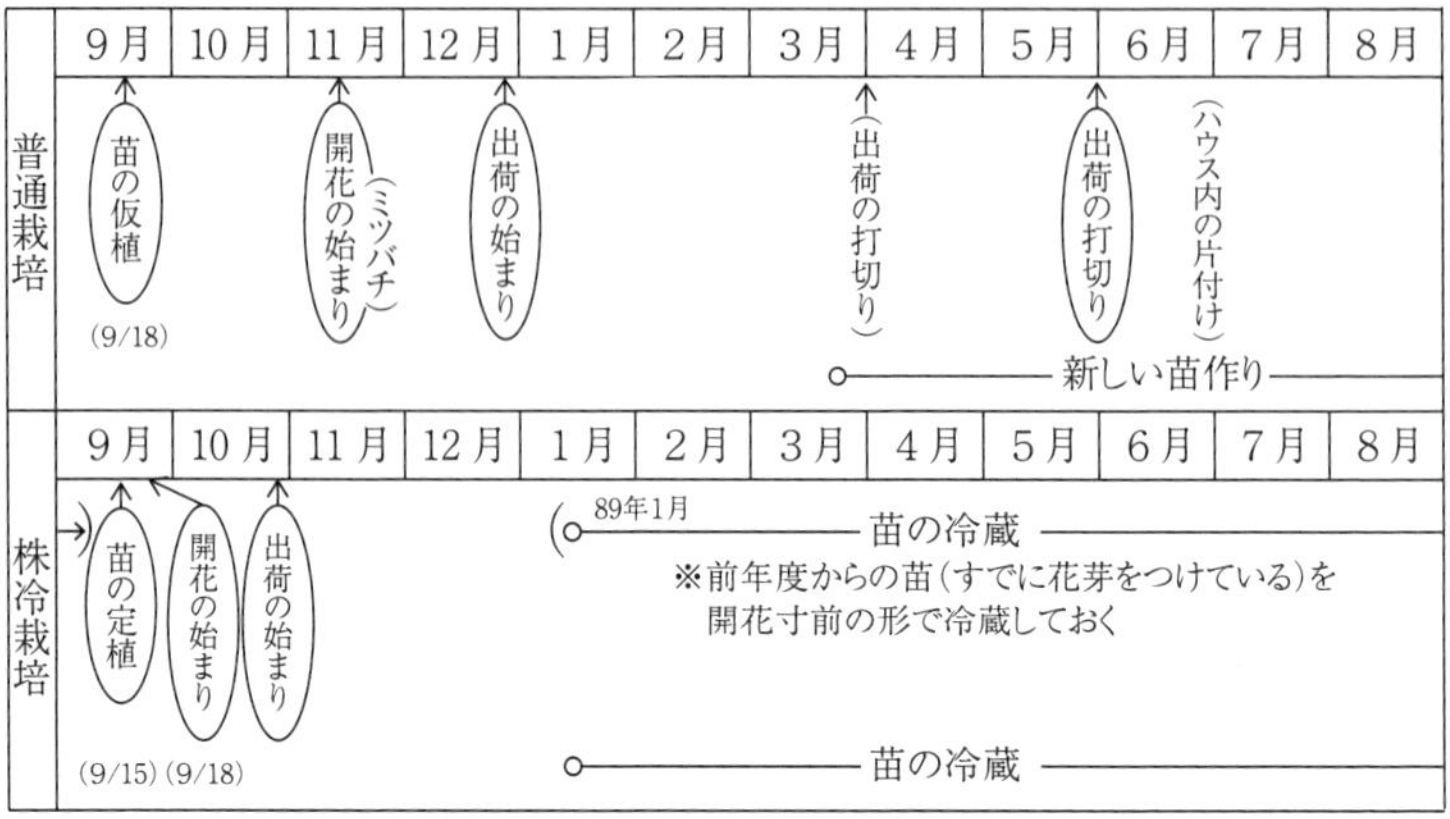

いちごの育ち方としごとごよみ

収穫の時期が分かれば「開花の始まり」も計算で出せる。前に、「花が咲いて四〇日で実がとれる」という言葉を学習してあった。久保田夫人が教えてくれた言葉で、「花見て四〇日」と昔から言い慣らわしているのだそうだ。

T　一一月六日から四〇日戻ってごらん。何日になるかな。……九月二六日頃になるね。……。苗を植えて一〇日ぐらいで花が咲いてしまう。この秘密は何だろう。

C　……冷蔵庫から出す時に、すごく暖かく感じるから、それで急に春だと思わせて、花が咲く……。

電話で聞いたり、イチゴ農家に行って聞いたりした子が何人かいて、その子たちが話してくれた。そのあと私が、「去年の秋にもう花芽が出来ている苗だから、冷蔵庫から出せばすぐに花が咲けるのだ」ということを説明した。しかし、ここの説明は難しかったようだった。

（佐久間……説明がくどい。さかんに「こっち向いて」と言っているが、子どもが注目せざるを得ないような新鮮な物を出せば、そんなことを言う必要はない。「株冷栽培」の説明をするより、一一月にイチゴを出荷する方法を子どもに考えさせたらどうか。「どうやれば早く花を咲かせられるか」を考える。そこなんでしょう。「早出し」のポイントは。）

④「株冷栽培」について久保田利雄さんに聞きたいことを考える

「株冷栽培」では、八か月にもわたる冷蔵庫での苗の保存が、一番の気がかりである。「冷蔵庫の中はどうなっているのか」「停電になったらどうするか」「氷って駄目にならないか」などと疑問を持たせることで、子どもたちの行動を促そうと思った。しかし、冷蔵庫の大きさの問題などわずかの問題で時間切れになってしまった。

T　どの位の冷蔵庫だと思う？

C　お肉屋さんの冷蔵庫。

C　三段の。

C　二メートルくらい。

C　給食室の冷蔵庫。

（佐久間……全体として見ると、①②③④が切れている感じがする。もっと単純化を考えることが必要だ。黒板の暦で説明しきるくらいのつもりで、教師がもっと背後に退いて、提示した資料だけで子どもに考えさせるように出来ないか。)

⑤ 授業の後で

この日の午後、授業の検討会が行われていた時である。廊下をうろうろしている子がいるので行ってみると、大関寛君と金沢健史君がいた。「先生、久保田ハウスに行って来た」と言って、メモの紙を差し出しながら、「冷蔵庫は、普通の冷蔵庫の二五倍だって」と勢い込んで報告してくれた。メモ用紙を見ると、大人の字である。二人は何も持って行かなかったので、久保田さんが車の中にあった紙を出して、二人の質問に答えながら書いてくれたということだった。冷蔵庫の場所と大きさ、温度計の数と置き場所など七つの項目について答えが書いてあった。

検討会のあと、職員室に行くと、加藤友美子さんから二回も電話があったと言われた。何だろうと思って電話をすると、「先生、失敗しちゃった」とがっかりした声で言う。笹島明子さんと一緒に「株冷栽培」を今年始めた農家に電話して質問しようとしたところ、「うちでは株冷栽培なんてやっていません」と言われてしまったのだと言う。「でも、先生、がっかりしないで。明日、面白いもの見せてあげるからね。質問が失敗しちゃったから、いま笹島さんと紙芝居つくってるの。ハチのお話なの。楽しみにしててね」と、調査の報告かたがた社会の時間の発表の予約なのだった。

8　終わりに

単元としての「イチゴの授業」は、「株冷栽培」のイチゴの「収穫・選別・出荷」の学習をもって、いちおう終わることにした。今年の初出荷は一〇月二六日、やはり、第一位であったという。

この後も子どもたちは、農協に手紙を出して返事をもらったり、「普通栽培」のイチゴの花を見に行ったり、ミツバチが入ったと聞いて出かけて行って刺されたりと、活動を続けてきた。現在は、スーパーにイチゴが並び出したので、イチゴパックに付いているセロハンを集めて、イチゴの品種を調べたり、農協名を調べたりしているところである。

（例：「さが・とよのか」唐津市農業協同組合）

この「内原町のイチゴ作り」の教材発掘と授業作りをする上で、岩浅農也《あつや》氏の「社会科授業の原則を考える」（『事実と創造』第九号）と「いま社会科の授業で何が問題か」（『事実と創造』第二五号）と「社会科の教材研究と授業」（『事実と創造』第六四号）とが、大いに役立った。どうしたら良いか分からなくなった時には、いつも岩浅農也氏の論文のお世話になった。有難うございました。

綿引さんの実践へのコメント――佐久間勝彦

綿引さんが地域教材の発掘に取り組んだ。塚本幸男さんの「梨づくり」、田村共栄さんの「たぬきや」の先行実践に示唆を受け、「社会に直接踏み込んでいけない自分を変えたい」という強い願いをふまえての取り組みである。

三、四学年の社会科では、地域学習を行うことになっている。しかし、子どもの目を地域にひらく教材の発掘は、そう簡単にできるものではない。その理由は、第一に、子どもたちの生きる地域は確かに目の前にあるのだが、だからと言って、目に入りやすいとは限らないからである。第二に、子どもたちの関心は、身の回りの地域のことよりも、テレビ等を通して入ってくる外の世界のことの方におかれることが多く、そして第三に、教師自身の目も、日本や世界の大状況に向けられがちだからである。

子どもの生きる地域に「教材の芽」をさがし、フィールド・ワークを重ねて教材にかたちづくっていくことは大変な仕事ではある。しかし、やりがいのある、心が躍るほど楽しい仕事でもある。綿引さんは、イチゴ作りに目がひらかれていく過程を率直に報告してくれた。私は、読み進めるにしたがって、イチゴ作りの世界に吸い寄せられていくのを感じていた。

株冷栽培という技術を考えつく農民がいる。その技術を隣県に出かけて学びとってくる農民がいる。農業の世界は旧態依然の世界ではない。進取の精神にみちた日進月歩の世界であることが分かる。ところが、株冷栽培という画期的な技術が周辺の農家に広がらないという現実に綿引さんは直面する。

米の収穫期とイチゴの苗の植え付け期が重なることが原因か。八か月間、冷蔵庫で苗を管理することの難しさが原因か。それとも、久保田さんが指摘するような農民の〝やる気のなさ〟に起因するのか――綿引さんの追求はつづく。

綿引さんは子どもの現地学習を何度か組織した。そのビデオを見ると、塚本夫妻の話などにそっぽを向いて遊んでいた子どもたちが、回を重ねるごとに追求者に成長していた。夫妻の説明に耳を傾け、自分の問題として考え深めるように変わっていた。だから、授業の枠をこえて自らイチゴ農家を訪ねたり、電話取材や手紙取材を通して自発的に追求する子どもが出現するのは十分予想できた。

ところで「株冷栽培の秘密を探る」という四五分の授業の方は芳しくなかった。子どもの知性をさらに磨き、全員の知恵を結集して追求する授業になりえなかった。

教材の研究が広がれば広がるほど、教材の本質が見えにくくなり、授業の方向性が見定めにくくなる。いわゆる単純化と方向性の問題につきあたる。綿引さんの授業は、その辺の取捨選択が徹底できず不明瞭なまま終わった。しかし、長期にわたるフィールド・ワークのこの成果は次の機会にすっきりとした形に構成され、明快な授業として組織されるにちがいな

――いと私は確信をしている。

Ⅱ　内原消防署取材ノート（小４・社会科）

――地域教材の発掘に取り組んで②――

（一九九〇年度実践）

1　はじめに

「内原町のイチゴ作り」の学習をした子どもたちを持ち上げて四年生の担任となった。六月末に社会科の要請訪問指導があるというので、「消防署の仕事」（安全な生活を守る）で授業研究をすることにした。

四年生を教えるのは四回目だが、これまで私は消防署を訪ねたことがなかった。現地取材をすることもなく、教科書を読むだけの社会科授業をやっていたのだった。こういう自分を、何としても変えていかなければならない。社会に直接踏み込んでいけない自分を変えることなくして、四年生の子どもに社会科を教えることは出来ないのだった。そこで、今回もまた、岩浅農也《あつや》氏の論文や田村共栄《ともえ》氏の「たぬきや」実践を読み返し、「内原消防署の授業」の構想を練った。

内原消防署は、内原小学校の正門のすぐ脇にある。六月初めに新庁舎が完成して引っ越しが済んだばかりである。車両点検のサイレンの音が、毎朝三階の教室にまで聞こえてくる。また、廊下に出ると訓練の様子が眼下に展開しているのが見渡せる。私が取材をするのにも、子どもたちが見学や調査をするのにも、絶好の環境である。内原消防署が学校に隣接しているというこの条件を、フルに活かした授業が出来ないものだろうか。そう思いながら、消防署の取材に取りかかった。

2　「火事ですか、救急ですか」

一一九番通報を受けた通信員は、「こちら一一九番です」と名乗ったあと、必ず「火事ですか救急ですか」と尋ねるという。消防署の仕事の中心は、「火事」だけなのではなく、「火事と救急」であることが分かる。その他の仕事は、この「火事と救急」の仕事を「支える仕事」なのである。

内原消防署を訪ねて、部長の畑岡さんの話を伺う中で、「消防署　イコール　火事」ではないことがはっきりと意識させられてきた。内原消防署の八九年の火災出動は一四件、それに対して救急出動は二三二件である。火事よりも救急の方が多いだろうと漠然と思ってはいたが、こんなに違うとは予想もしていなかった。消防車と救急車の出動件数の表を見てみると、ここ二、三年、「火事は月に一回、救急は三日に二回」くらいであり、救急出動が火災出動の約二〇倍にもなっている。この数字で見る限り、消防署の日常活動の中で、救急出動の占める割合はかなり大きいと言えよう。

教科書（東京書籍）では、「火事をふせぐ」という小単元名で、消防署の仕事を火事一本槍で扱っている。対象を絞った取扱いなのだろうが、子どもたちの目の前で盛んに活動している救急車を無視して消防署の学習は出来ないと思った。

「火事ですか、救急ですか」――火事も救急も「消防署の仕事」なのである。私としてはどちらも取り上げたい。そして、この二つの仕事を繋ぐ物を、取材の中で何とか見つけ出したいと思った。

3　二四時間・二交代の勤務体制

内原消防署の職員は何人だろう。訓練の様子からは七、八人から一〇人くらいを予想していたのだが、二四人と聞いて驚いてしまった。二四時間二交代制なので、いつも見かける人数の二倍の職員がいるわけである。

田口署長を除いた二三人が、植木部長の率いる甲部（一二名）と、畑岡部長の率いる乙部

（一一名）とに別れ、一日おきに勤務することになっている。朝の八時半から翌日の朝の八時半までが勤務時間である。これを「一当務」という。そして、その勤務明けの日は非番ということになる。

消防署が二四時間体制なのは当然であるが、私は何となく、「夜勤と日勤」との二交代か、「早番・遅番・深夜」の三交代ではないかと思い込んでいたようだ。ポプラ社の『消防しょのしごと』（小学生・社会科見学シリーズ）には、東京消防庁・上野消防署の例が載っている。それによると、上野消防署は、二四時間勤務の「当番」、二四時間休みの「非番」、朝から夕方まで勤務の「日勤」の、三交代制である。平成元年版『消防白書』には、次のように出ていた。

> 二部制は、職員が二部に分かれ、当番・非番の順序に隔日ごとに勤務する制度であり、大部分の市町村でこの制度を採用している。三部制は、職員が三部に分かれ、日勤・当番・非番を組み合わせて勤務する制度であり、東京消防庁をはじめ一部の団体で採用されている。（以下省略）

学習写真絵本の例と内原消防署とでは、待遇というか、その勤務条件に大きな差があるようだ。

私のクラスの斉藤優君のお父さんは消防署にお勤めだと聞いていたので、確かめてみると、何と上野消防署勤務なのであった。内原から上野まで、常磐線で約二時間の通勤時間である。斉藤君は、「お父さんが載っている本があるんだよ」と言って、『しょうぼうじどうしゃ・ぶるるん』（くもん出版）という絵本を持ってきてくれた。斉藤君のお父さんは、はしご車の係だということだった。

4 「滑り棒は今は使いません」――仮眠室は一階が原則――

消防車の出勤というと、車庫に向かって滑り棒を一気に滑り下りてくる消防隊員の様子が思い浮かぶ。ところが、新築の内原消防署には、滑り棒などないのだった。消防士長の小松さんが説明して下さった。

「滑り棒ですか？　滑り棒は今は使いません。内原消防署は、事務室（待機室）も仮眠室も一階にあります。ドアを開ければ、すぐに車庫に出られるようになっています。今の消防署はみんなそうなっていますね。笠間消防署なんかは建物が古いので滑り棒がありますけど、今は使っていません。階段を下りてきます。その方が安全だし、早さも変わりませんしね。滑り棒は早いようでも、一人ずつしか下りられないでしょう？　出来るだけ早く出動するには、仮眠室は一階にあった方がいいわけです」

これは、こちらの常識が覆させられる説明であった。消防署建築の思想が、以前とは変わってきているのだろう。現代の消防署から望楼勤務が廃止されたのは知っていたが、滑り棒までなくなっていたとは知らなかった。

5　通信室は教材の宝庫

(1)　一一九番電話は何台?

内原消防署の通信室には、一一九番電話が何台あるか。答えは、一台である。

水戸市などの大都市では、消防本部に通信指令室があって、何台も並んだ一一九番電話のそれぞれに通信員がついている。そして、各消防署に出動命令を出す仕組みになっている。一一九番を受ける所と消防車や救急車の出動する所とが分離した形である。

しかし、人口約一万五千人の内原町では、消防署が直接一一九番を受け付ける。一人の通信員が「消防署の顔」となって、一台の一一九番と、もう一台の普通電話とを受け持っているのである。

同じ広域消防組合内でも、笠間消防署には三台の一一九番電話があった。市内の地域によって局番や加入方式が違うため、三台の一一九番が必要なのだという。しかし、通信員は一人である。

いう。

(2) 切られても呼び出し可能・一一九番

消防副士長の西山さんによると、一一九番のイタズラ電話が年間一〇〇回くらいあるという。たいていは子どもの声だという。受話器を取っても黙ったままで何も言って来ない時もあるという。

一一九番には、自動録音装置が付いているだけでなく、もう一つ特殊な機能が付いている。かけた側が切っても、こちらが切らない限り相手を呼び出せる機能である。

「これでは、イタズラ電話の主は全部発覚してしまうに違いない」。私は、我がクラスの「勇者」たちの顔を思い出して冷や汗が出た。学校の職員室にも、夕方になるとイタズラ電話がよくかかってくるからである。そんな私の心配をよそに、西山さんは続けた。

「一一九番が切れてしまった時は、こちらから一応呼び出すことにしています。子どもさんの場合、うまく用件を伝えられないまま切ってしまうこともありますから。でも、たいていは〝何かありましたか〟と、電話に出た大人の人に確認してみると、〝何もありません〟という返事が返ってきますね。そんな時でも、あまり強く咎めるような言い方はしません。軽く〝今度から気をつけてください〟という程度です」

私は、自分の考えの軽躁さを恥じた。通信員が、切られた一一九番電話を呼び出してみるのは、イタズラ電話を懲らしめるのが目的なのではなかった。まんがいちの一一九番通報の可能性を、拾い落とさないためなのだった。

(3) 消防署全館に響く一一九番電話

教科書に、「出動の指令を受けてから、防火服を着て出動するまでの時間は、およそ一分である」という記述があった。内原消防署で聞いてみると、部長の植木さんは「出動命令から三〇秒で出られます」と言う。その秘密は、消防署の全館に響きわたる一一九番通報にあった。

一一九番通報は、通信員が受けると同時に自動的にスピーカーのスイッチが入り、その通話内容が消防署内外のどこにいても聞こえるようなシステムになっているのだった。例えば、「こちら一一九番です。火事ですか、救急ですか」「火事です。内原小学校の給食室が燃えています、すぐ来てください」というやりとりがあったとしよう。「火事です」という言葉を耳にすると、消防隊員は、すぐに車庫に向かって走り出す。そして防火衣を身に着けながら消防車に乗り込む。出動命令の放送が出る頃には、もう、消防車はエンジンを始動させて待ち構えている状態になっているのだった。出動に関しては、大都市の通信指令室方式よりも、こちらの方が早いのではないかと思われた。

(4) 「救急病院応需状況」

通信室の壁には、「救急病院応需状況」と題された黒板（ホワイトボード）が掛かっていた。救急病院の名前と電話番号、そして、「科目」という欄があり、「全」（全科目）とか、「内のみ」（内科のみ）とか、「眼を除く」（眼科を除く）とか、略号で記入してあった（表1 79頁参照)。

この「救急病院の表」をじっと眺めていると、ここから幾つもの学習問題が作れそうに思えてきた。

＊ 何のためにこんな黒板があるのだろう。
＊ 一〇以上もの救急病院が、本当に必要なのだろうか。
＊ みんながよく行く内原医院や原田医院が載ってないのはなぜだろう。救急車が内原医院や原田医院に行くことは絶対にないと言えるか。
＊ 科目の略号の意味を探る。これには「タウンページ」が使えそうだ。
＊ これらの救急病院がどこにあるか、地図で捜してみる。みな、内原町付近の病院であることを予想する子もいるだろう。
＊ ケガや病気の程度や種類によって、運ばれる病院に決まりが見つけられるのではないか、等々。

消防士長の小松さんは、この黒板は、午前の一〇時半と午後の六時半に笠間消防署から電話連絡が入って書き替えられるということも教えてくださった。ならば、この二つの「救急病院の表」を提示して、比較させてみるのもいいかも知れない。
＊ どちらが夜の表か、分かるかな。どこからそう考えたのかな。

私が学習問題を考えていると、

「山田君、六時半のはまだ入らないの?」と小松さんが通信員の方にたずねた。するとそこへ、普通電話が掛かってきた。みんながしんとなった。

「病院か?」

「違います。気象です」

夕方になると、水戸地方気象台から、気象情報がファックスで笠間消防署に送られ、それが内原消防署に電話連絡されて来るのだということだった。

6 「勤務編成表」で授業が出来そうだ——火事と救急とを繋ぐ物——

ある晩、事務室で消防士長の水越さんから消防署の仕事の中身について、あれこれ伺っていた時だった。勤務編成のことが話題になった。

部員は一一人でも順番に休みを取っていくので、この日は八人での勤務編成だという。八人勤務では、タンク車が三人、ポンプ車が四人という編成になる。火災出動の場合はこの七人が出動して、消防署には僅かに専属通信員一人が残るだけとなる。

「そんな時に、救急車の出動要請があったならどうするのか」

これは、誰もが考えつく疑問であろう。この危機を、消防署はどうすれば乗り切れるか。火

表1　救急病院応需状況

救急病院応需状況（6月27日）		
病院・電話番号		科　目
県立中央病院	7-1121	皮、神、泌、除
立川病院	7-7122	軽のみ
長田病院	59-5711	全
県西病院	51-2171	眼除
山王病院	51-2179	眼除
国立水戸病院	31-5211	全
済生会病院	54-5151	全
水戸赤十字病院	21-5171	神除
北水会病院	53-1815	内、外除
水戸中央病院	31-4126	全
青柳病院	31-2341	全
大久保病院	54-4555	

表2-⑴　6月26日　勤務表　甲部

中　隊　長		植木敏夫	公　休	中嶋光清
第1小隊長		植木敏夫		大平啓二
第2小隊長		小松三男		
機関員	第1	飯田克己	休　暇	大月幸雄
	第2	生頭浩二		佐藤正美
救急隊	隊　長	小松三男		
	機関員	伊藤広明		
	隊　員	山田成稔		
通信員		武藤俊勝		

表3　通信勤務表

通信時間	通信勤務
8.30 ～ 9.30	武藤俊勝
9.30 ～ 10.30	伊藤広明
10.30 ～ 11.30	武藤俊勝
11.30 ～ 12.30	生頭浩二
12.30 ～ 1.30	山田成稔
1.30 ～ 2.30	飯田克己
2.30 ～ 3.30	大畠　明
3.30 ～ 4.30	伊藤広明
4.30 ～ 5.30	武藤俊勝
5.30 ～ 6.30	生頭浩二
6.30 ～ 7.30	山田成稔
7.30 ～ 8.30	飯田克己
8.30 ～ 9.30	大畠　明
9.30 ～ 10.30	伊藤広明
10.30 ～ 11.30	武藤俊勝
11.30 ～ 12.30	生頭浩二
12.30 ～ 1.30	山田成稔
1.30 ～ 2.30	飯田克己
2.30 ～ 3.30	大畠　明
3.30 ～ 4.30	伊藤広明
4.30 ～ 5.30	武藤俊勝
5.30 ～ 6.30	生頭浩二
6.30 ～ 7.30	小松三男
7.30 ～ 8.30	武藤俊勝

表2-(2)　勤務編成表

6月26日	火曜日
当務中隊長	植木敏夫
第1小隊長	植木敏夫
機　関　長	飯田克己
放　水　長	伊藤広明
操　作　員	
操　作　員	
操　作　員	
第2小隊長	小松三男
機　関　員	生頭三男
放　水　長	山田成稔
操　作　員	大畠　明
操　作　員	
操　作　員	
救急隊員	小松三男
機　関　員	伊藤広明
隊　　員	山田成稔
通　信　員	武藤俊勝

災出動があった時は、まず第一に、広域消防組合の友部消防署に連絡して、救急隊員に応援に来てもらう。次に、内原消防署の非番の隊員に非常招集をかけ、救急出動に備える。非番の隊員が集まれば、友部署の救急隊には帰ってもらう。

水越さんは、「勤務表」（勤務編成表）を持って来て、仕事の分担を説明して下さった（表2）。この表を見ると、仕事の分担が、一目瞭然だった。救急隊は三人と決まっている。その三人と同じ名前が、消防隊の第一小隊、第二小隊の中にも見いだせる。つまり、同じ一人の消防官が、消防隊員と救急隊員との二つの仕事を兼務しているのだった。

さらに驚いたのは、通信員の仕事まで一時間交代で行っていることだった。私は、通信員というのは、専門の方が担当するのだとばかり思い込んでいたので、驚きは大きかった（表3）。この「通信勤務表」は、内原消防署の二四時間の勤務体制を雄弁に語りかけていた。一日に約四回の通信勤務があること、そして、深夜の通信勤務も一回はあること、隊長は通信勤務には就かないこと（隊長は監視勤務として深夜二時間の勤務を行う）、その日の専属通信員は、必ず最初と最後の通信員を受け持って引き継ぎを行うことなど、幾つもの発見が期待できる。この表の、授業における資料的価値には、計り知れない物があると思われた。

そして、この「勤務編成表」（と「通信勤務表」）は、「火事と救急」という消防署の二つの仕事を、見事に繋ぐ物になっていた。大都市の消防署にはない、内原消防署の特質が、ここに示されていた。限られた人数の中で、内原消防署の人たちは、消防隊員と救急隊員と通信員という三つの仕事を担って働いているのだった。

日本の消防は、自治体が責任を持つことになっている。地域の実情によって、自治体の数だけ多様な消防の姿がある。内原町には内原町の消防があるのである。

7　消防署は取材を待っている

内原消防署は、いつ訪ねても、折り目正しく丁寧に私を迎えてくれた。朝の取材にも、夕方の取材にも、夜遅くの取材にも、快く応じていただけた。笠間消防署でも、友部消防署でも事情は同じだった。消防署は、どうしてこんなに親切なのだろうか。

子どもたちも、連日消防署に押しかけているが、いつも歓迎されている。通信室の窓越しに質問している子どもたちには、植木部長さんから、

「そんな所で聞いていないで、通信室の中に入ってお聞きなさい」

と声が掛けられた。有難いことである。お礼を述べると、

「子どもさんたちに、〝ここは私たちの町の消防署なんだ〟と思っていただければ嬉しいですね」

という返事が返ってきた。

子どもたちは、嬉々として消防署の取材に出かけて行く。

「昨日の夕御飯のメニューね、〝サーモンの蒸し焼き〟って言ってた」

「〝ホース・カー見せて〟って頼んだら、下ろして見せてくれたよ。筒先を持ってみたら重かった」

「消防署の新聞に、私たちのマンガを載せてくれるって言うから、今から持って行くの」

消防署は、教師と子どもたちの取材を、待っているのだと思う。

教材「消防署の仕事」の核をさぐる
——綿引さんの教材発掘を読んで

佐久間勝彦

（一）

綿引さんが「内原町のイチゴ作り」に引きつづいて、「内原消防署」の教材発掘に取り組んだ。

綿引さんにとって、消防署について教えることは、これで四回目であった。しかし、これまで一度たりとも消防署を取材に訪れたことがなかった。「現地取材をすることもなく、教科書を読むだけの社会科授業」をしてきた綿引さんであった。

だがしかし、このような実情は、決して綿引さんに限ってのことではないであろう。たぶん多くの教師たちに、心あたりがあることにちがいない。

綿引さんは、重い腰を上げた。「社会に直接踏み込んでいけない自分を変えることなくして、四年生の子どもに社会科を教えることは出来ない」――。そう覚悟してのフィールド・ワークであった。

（二）

今回の消防署の報告（「事実と創造」一一二号、一一三号）は、イチゴ作りの報告（一〇五号）よりも、すっきりとしている。

それは一つには、発掘する対象のちがいによるであろう。つまり、イチゴ作りという農業取材の場合、その輪郭は長期間にわたる取材を経ないと明確にならない。イチゴ作りの局面が変わるたびに、農作業が変わり、農民の工夫が新たに加えられてくる。その全過程を一つひとつ追っていかないと、教材の全貌が見えてこないのだ。

しかし、消防署の場合は、教師に発掘眼があるならば、何度か足をはこぶだけで、教材の輪郭をとらえることができる。確認したいことが生ずるたびに取材に訪れ、教材を吟味していくことができるからである。

今回の報告がすっきりとしている第二の理由は、綿引さんの教材発掘眼がさえてきたことにある。きっと、イチゴ作りの教材を発掘していく過程で、知らず知らずのうちに身に付いたのであろう。「教材の芽」をかぎつける鼻が鋭くはたらき、消防署の仕事の核心に迫った取材の過程が報告されている。

（三）

この報告を読むと、現地に足をはこばず、自分の耳目で確かめもせずに、知ったかぶって授業をすることの空々しさ、無責任さを痛感させられる。

消防署について、私は、それなりに知っているつもりであった。小学校時代に教わった記憶がある。時折、消防署の前を通りかかり、消防車をながめながら考えてきたことがある。けたたましいサイレンを鳴らし、一般車の流れを抑えて現場に直行していく救急車に出くわし、胸中に湧いてきた思いがある。新聞や書物を通して知っている知識がある。

しかしながら、綿引さんが取材し、問いただしてくれた事がらは、私のそういう程度の認識の甘さを指摘してくれた。

「消防署」と聞いて私が真っ先に思い浮かぶのは、夜中に〝滑り棒〟を次々に降りたち、出動体制に入っていく消防士の勇姿である。この場面こそが、消防士の仕事の〝象徴〟であるように認識をしてきた。

ところが、〝滑り棒〟は、現在使用されていないと言う。階段をかけ降りて出動する方が安全であるし、出動時間にも遅れが生じないからだと言う。また、新築の消防署では、消防士の仮眠室を一階に下ろし、ドアを開ければ直ちに車庫に出られるように改善をしていると も言う。

私は、何と旧い消防署像を後生大事にしてきたことであろう。

(四)

「出動の指令からおよそ一分で出動」という教科書の記述に対して、その事実認識の不確かさを部長が指摘する場面を読んだ時、私は思わず、うなってしまった。

「およそ一分」と「三〇秒」の違い。この〝およそ三〇秒〟の違いは、一見、大した違いとは思えない。しかし、消防士の目からすると、見逃すことの出来ない重大な誤認に入るのだ。

三〇秒の出動の遅れが、どれだけ火のまわりを広げることになるか。かけがえのない生命や財産をどれだけ焼失させることになるか。この事実をいやというほど体験してきた者にして、はじめて指摘できる時間感覚なのだろう。一刻も早く現場に到着し、消火活動に取り組むことを第一義とする消防士としては、「およそ一分」という大雑把な記述に承服できなかったのであろう。

（五）

ところで、人口一万五千の内原町で起こる火事と救急の仕事は、二四時間二交代という勤務体制で、常時八人の消防士によって行われている。消防士は一日交代で、まる一日、ほぼ五時間おきに四回、一時間の通信勤務につく。そして三日に二回くらいの頻度で救急出動にあたり、また月に一回は火事現場に出動する。

このように勤務状況を数値化してみると、なんだかヒマそうに見えないこともない。だが、回数の少ないこの現場出動と、〝およそ一分でなく三〇秒です〟と言い切る消防士の意識の背後に、この教材のカギがあるのではないだろうか。

つまり、統計的には三日に二度の救急出動、月に一度の火事出動となるが、その緊急出動がいつ何時にやってくるかは、誰にも予測ができない。電話が鳴るたびに緊張をし、昼も夜も待機をしている。この緊張の度合は大変なものであろう。

現場出動のはなばなしさに隠れて見えにくい日常的な緊張と、一旦出動する際にとられる敏速な行動に、子どもたちの目を向けたいと私は思う。

（六）

綿引さんには、これらの教材発掘をふまえて行った実際の授業について、近いうちに報告をしてほしい。

「内原町のイチゴ作り」の報告に対してのコメントでも述べたことだが、教材の発掘と授業の構成という二つの仕事は、なかなかうまく連動していかない。授業の構想を練り、実際の授業の中で子どもたちの認識を高めていく仕事には、教材発掘で発揮される力量とは別のものが必要とされるからである。

はたして、今回、綿引さんの教材研究の成果は授業にどう結実したであろうか。報告を楽しみにしたい。

Ⅲ 「消火の実際――鯉淵の物置火災」の授業
――「内原消防署の仕事」より（小4・社会科）――

（一九九〇年度実践）

1 偶然の火災を授業化する

(1) 火事が起きた――子どもたちの報告――

「消防署の仕事」の学習を続けていたある日、内原町で実際に火災が発生した。七月八日（日）のことだった。私自身は知らなかったのだが、翌日学校に行くと、子どもたちが次々に日曜日の火事について話しかけてきた。

「グランドでソフトの練習やってたらね、消防車のサイレンの音がして、見てみたら黒い煙が上がってた」（中宮清和）

「消防署へ行ったら、無線でいろいろ話してたんだ。電話もしてたよ」（照山義章）

「消防団も行ったんだよ。それでね、僕も見に行ったの、お兄ちゃんと自転車に乗って」

「鯉淵小学校の近くに、二台の消防車が止まってたんだよ。涸沼《ひぬま》に釣りにいった帰りに見たの。（大津　輝《あきら》）
満蔵寺《まんぞうじ》の消防団が出動するところも見た――」（宮崎　学）

子どもたちの話は具体的だった。この頃は、毎日のように消防署の学習をしていた時期だったので、子どもたちはこの火事に敏感に反応した。消防署のことなら、何でも調べて発表しようと待ち構えている状態だった。

日記を読むと、何人もの子が火事のことを書いていた。火事と聞いて消防署へ駆けつけた子は、戻って来た消防車のホース洗いの様子まで見ていたのだった。

少し遊んでいる内に、消防車が帰ってきました。また少したつと、ホースをみんなで洗っていました。そして、ホース洗いが終わると、ホースをほしていました。（赤上美穂）

(2)　教師の取材と消防署での授業――植木敏夫部長による消火の授業――

子どもたちに先を越されたなと思いながら、こちらも取材を開始した。消防署では、火災出動の後、何日もかけて消火活動についての詳細な報告書を作成する。その書類作成作業の傍らで火災当日の話を伺ったのだが、話を聞けば聞くほど、当日の内原消防署の消火活動の見事さに感じ入らざるを得なかった。

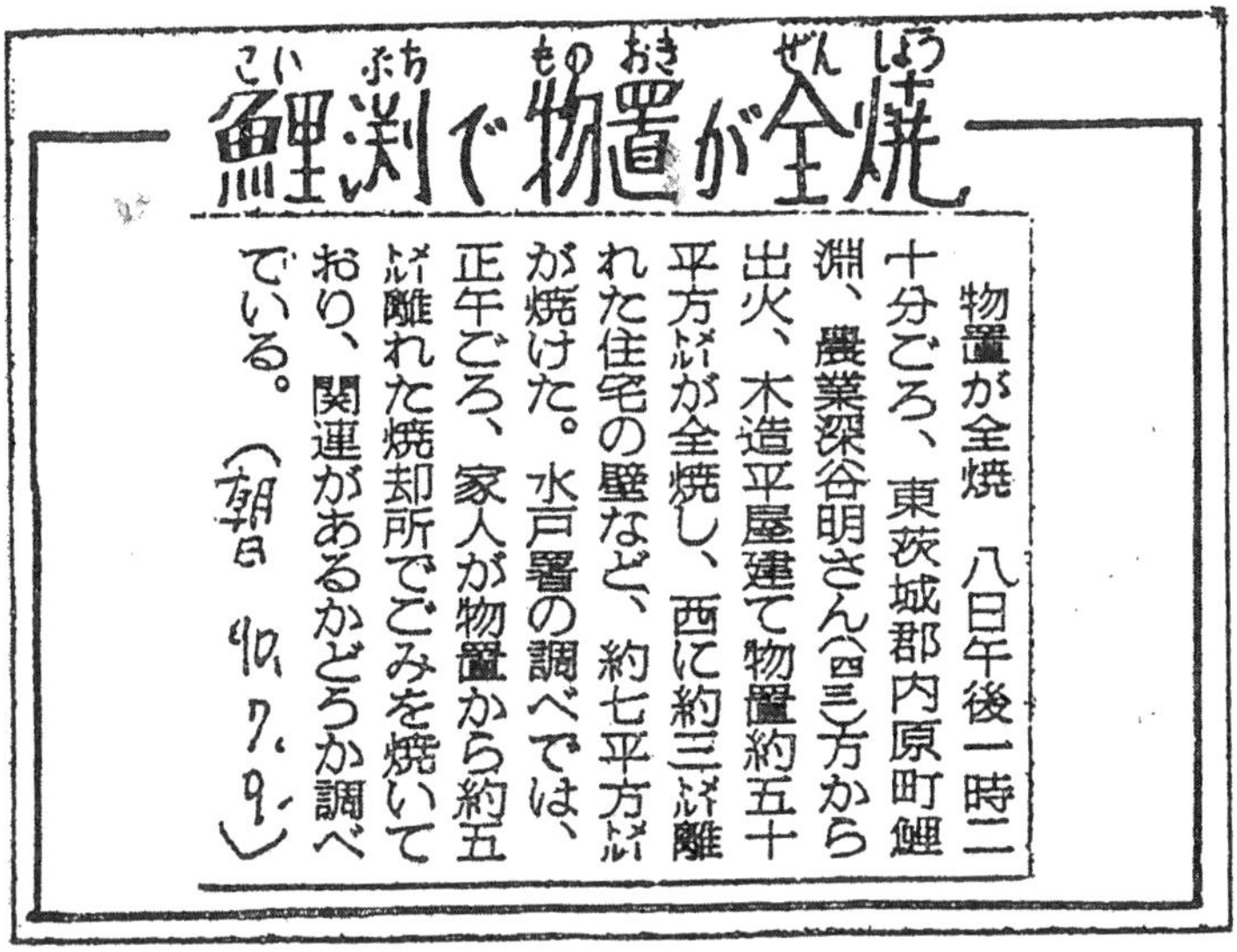

鯉渕《こいぶち》で物置《ものおき》が全焼《ぜんしょう》

物置が全焼　八日午後一時二十分ごろ、東茨城郡内原町鯉渕、農業深谷明さん(四三)方から出火、木造平屋建て物置約五十平方㍍が全焼し、西に約三㍍離れた住宅の壁など、約七平方㍍が焼けた。水戸署の調べでは、正午ごろ、家人が物置から約五㍍離れた焼却所でごみを焼いており、関連があるかどうか調べている。

(朝日 H10. 7. 9)

消火活動というのは、一つの文化なのである。過去数十年・数百年に亘る火災との闘いの中で積み上げられた厖大な知識と体験の上に、現在の消防の文化がある。消防の知識と技術がいかに威力を持ち見事な物であるか、それが私を感動させるのだった。

専門家による授業があっても良いのではないか——。取材の中で聞く「鯉淵の物置火災」の消火の話が感動的であるだけに、それをそのまま子どもたちに聞かせたい気持ちになった。植木敏夫部長に相談したところ、快く応じていただけた。そして、七月一二日(木)に約一時間、内原消防署の会議室で植木部長の授業を受けることが出来た。

一一九番通報の仕方に始まって、消防団の受け持ち区域、貯水槽の設置基準、「鯉淵の物置火災」の様子と、植木部長のお話は多彩な内容だった。子どもたちからの質問にもすぐに明解な回答がなされた。さすがに専門家の知識は凄いものだと感嘆する一方で、私の中に、同じ材料を使って自分でも授業をしてみたいという意欲が湧いてくるのを感じた。

同じ材料でも、構成を変えればまるで違った授業になる。問題は、授業の結晶点を何にするかである。今回の取材で私が気付いたのは、水（水利）の問題であった。消火栓が当てにならない内原町では、貯水槽が決定的に重要な役割を果たしている。私は、消火活動の実際を追う中で、子どもたちに水の問題――貯水槽に出合わせたいと思った。

2　授業の記録

(1)　日曜日の火事の確認と「火災現場略図」の提示

T「今日の題名はこれです。読んでごらん」

C「〝鯉淵の物置火災〟」

T「新聞にも出てるよ」

私は、朝日新聞・茨城版の切り抜きの拡大コピーを提示した。宮崎学君が読売新聞の茨城版にも出ていたことを教えてくれた。

「日曜日に火事があったことに気が付いていた人」と聞くと、十数人の手が上がった。そのうちの数人にその時のことを話してもらった。（「1、(1)「子どもたちの報告」参照」）

T「これをちょっと見てください。〝火災現場略図〟（以下「略地図」）——。これは、昨日（消防署の授業で）植木部長さんに教わったので、あれを思い出して書いてみたんです。こんな感じでしたね」

すると早速、大津輝《あきら》君が川の所が少し違うことを指摘してきた。クラスでただ一人現場を見て来た大津君は、初めから積極的に授業に参加していた。

「略地図」を見ながら、同じ人の家の母屋と物置が並んで建っているうち、物置の方が全焼したことを確認する。

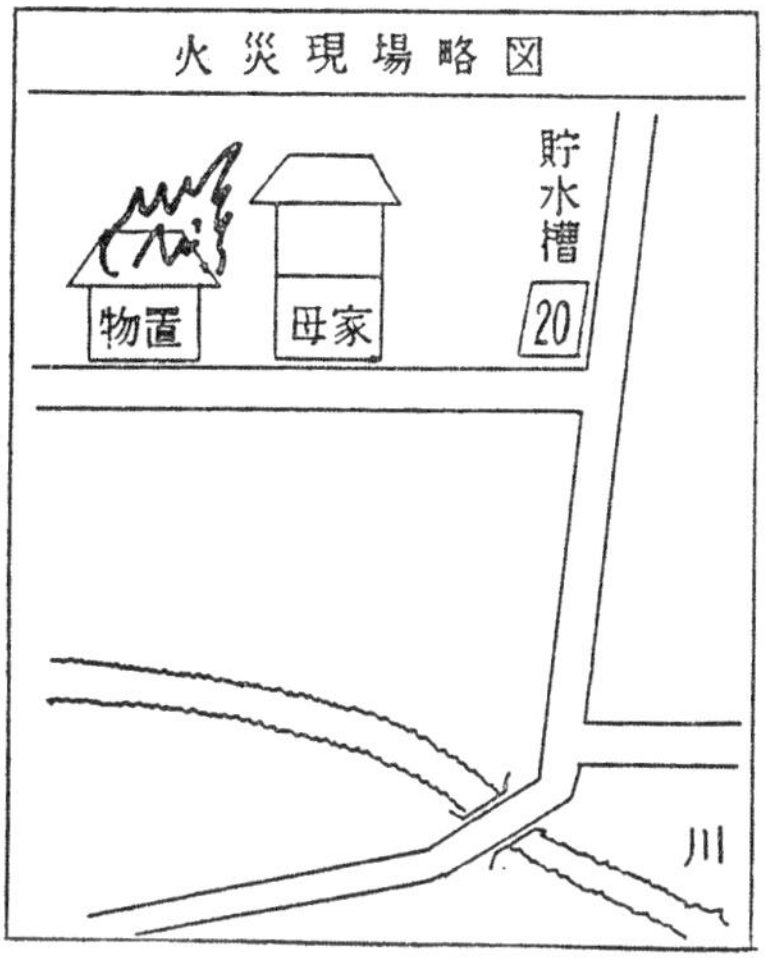

火災現場略図(1)

健史「〝全焼〟だ。ホントだ」

(2) 学習問題の提示と貯水槽への注目

T「今日は、きのう植木部長さんに教わった中で、このことを考えます」

と言いながら、次のように板書する。

どれだけの水を どうやって確保するか

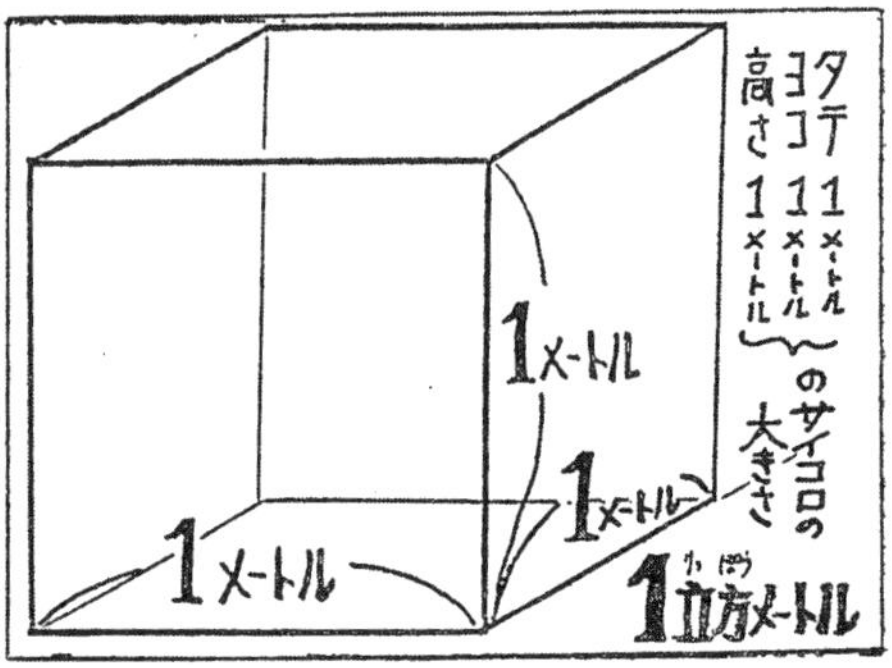

絵カード「一立方メートルのサイコロ」

学習問題は、こちらから提示する形を取った。子どもたちは、既に前日の授業で「鯉淵の物置火災」については一通りの知識を持っている。だから、同じような内容を扱っても今日は違うことを考えるのだと明示する必要があると考えた。そして、早々と「略地図」の中の貯水槽に注目させることにした。消火に要する水量を考えるための伏線である。

T「貯水槽の〝20〟ってどんな意味？　ここに貯水槽があるんですが、〝20〟って書いてあるでしょう。これ、何の意味か、分かりますか」

C「二〇トン」　健史「二〇トン」

笹島「二〇分」

T「ああ、〝二〇分使える〟。凄いね、もういきなり答えが出ちゃった」

T「きのう植木部長さんがお話してくれたでしょう。この貯水槽の中に水があるんだけども、何かの秤《はかり》で二〇杯分なんです」

体積はまだ学習していないので、ここで簡単に一立方メートルについて説明した。絵カードを示して、一メートルのサイコロで考えさせることにした。

T「……、そうすると冷蔵庫くらいあるかな。お風呂よりあるよね。それで二〇杯分」

(3)「一立方メートル＝一分」で放水

T「これが、水を弾く時に、どのくらい持つかというと――。（青木「二〇分」）そうなんだな。覚えてました？」

T「二〇立方メートルの水は二〇分、ということは、これ一個で何分？」

C「（口々に）一分」

T「そう、これで一分使えるんだって。覚えといてください」

学校のプールを例にして水量と時間の関係を考えてみた。計算してみると、プールはサイコロ一七五個分（＝一七五分）で、約三時間の放水が可能であると分かる。それに対して、鯉淵の貯水槽は僅かに二〇分でしかない。

「一立方メートル＝一分」の原則――。水の使用量と時間に関するこの原則は、子どもたちが消火活動を考える上で実に重要な武器になった。今回の授業は、ほとんどこの数字を使うことによって展開したと言っても過言ではないだろう。

もちろん、この数字は大まかな物である。放水時の水圧によっても、またホースを何本使うかによっても、微妙に変化してしまう。しかし実際に消防官は「一立方メートル＝一分」で概算しながら、水の問題に対処しているのである。現場での原則は、そのまま授業の武器としても有効だった。

T「こういう火事があったんですが、だいたいね、どれくらい水を使ったと思いますか」

健史「貯水槽……使っちゃうよ、先生、貯水槽、使っちゃう」
盛んに健史君が発言を始めた。
T「サイコロ幾つ分くらい使ったと思う?」
中宮「二八個」
健史「二八個」
T「うん、二八個。どこからそう思いました」
中宮「だいたい消すまでに二八分かかったって言ってた」
T「ああ、そういうふうに——、植木さんがそう言ったの覚えてた?」「二八個って覚えている人?(一〇人くらい、手を上げる)。忘れちゃった? ……二八個っていうことは、何分水を出してたの?」
C「二八分」
T「そうだね、だから、何分水を出したかを見つければ、どれだけ水を使ったかが分かるでしょう」
(4) **「一一九番受付」から「鎮火」までの見事な展開——「消火活動時刻表」——**
① **「一一九番受付」後一分で出動**
T「一時二五分、〝火事〟——、連絡が入りました。で、この後ちょっと、火事の様子を振り返ってみますよ」「その日の勤務編成表は、これです。誰さんグループの時?」

消火活動時刻表

時刻	消防署の活動
1:25	119 番受付
1:(26)	出勤
1:(29)	火災現場到着
1:(30)	放水開始
(1:58)	だいたい消える
(2:30)	全部消える
3:14	救急出動
3:30	内原消防署にもどる
	点検（ホース積み）（ガソリン）
	火災原因調査（ふたたび火災現場へ）

7月8日（日）勤務編成表

当務中隊長	植木敏夫
第1小隊長	植木敏夫
機　関　長	飯田克己
放　水　長	小松三男
操　作　員	佐藤正美
操　作　員	
第2小隊長	大月幸雄
機　関　員	伊藤広明
放　水　長	大平啓二
操　作　員	大畠　明
操　作　員	
操　作　員	
救急隊員	小松三男
機　関　員	大平広明
隊　　　員	大畠　明
通　信　員	武藤俊勝

C「（一斉に）植木さん！」

T「そうだね。ハイ、一一九番受付たのはちょっと誰かは分からないんですが、通信員は誰ですか？」

C「武藤さん」

T「ほら、この間と同じだろう（六月二八日の〝勤務編成表の授業〟の時も、武藤さんが通信員だった）」

T「一時二五分、一一九番受付です。さあ、出動するまで何分で出るんだっけ？」

C「一分！」

C「三〇秒！」

C「一時二六分。二六分だと思う」

T「ちょっと待って。三〇秒って、

出動命令が出てからだよね。〝一一九番です。火事ですか、――〟、何て言うんだっけ？」
C「〝救急ですか〟」
T「うん。それを聞いているうちに走り出すんでしょ。〝出動命令〟と言ってから三〇秒だから、これは、〝二六分〟。この位でいい？」

②「一キロ＝一分」で現場到着

「略地図」を見ると、物置にまだ火事の印が付いていない。そこで、健史君に頼んで赤チョークで炎を書き加えて貰う。この「略地図」は、未完成の形に作っておいた。そして、子どもたちと一緒に、消防車の絵カードを付けたり消防士の絵カードを付けたりしながら、消火活動を再現していくようにした。物置火災の様子を追体験する上で、この方法は有効であったと思う。
T「この火災現場に着いたのは、何分だと思う？」
C「だいたい、五分かなぁ」
この外、「二分」「三分」「八分」「一〇分」など沢山の意見が出たので、板書して意見を整理することにする。

＊　2～3分（多数）

* 5分　（数人）
* 8分　（3人）

ここは手早く切り上げて、思考の手がかりとなる数字を出すことにする。

T「あのね、〝一キロ＝一分〟で行くって」

照山「信号無視もあるから……」

T「信号無視なんてしないよう。……あっそうか。〝無視〟って、突っ切るんじゃなくて、止まりながら、ゆるゆるゆると行くんだよね。そうすると、周りが止まってくれるんだよね。（全体に向かって）赤信号でも行ける時ありますよね」

C「うん、救急車とか」

T「じゃ、〝一キロ＝一分〟で行って、鯉淵小学校の近くまで二・六キロ（本当は三・六キロだった）と言ったかな――。そしたら、何分で着くか？」

C「（口々に）二～三分」　C「あーあ」

T「ここね、（一時）二九分じゃないかと思います」

中宮「早いなあ……」

「火事です」と連絡があってから、四分で現場に到着である。中宮君が「早いなあ……」と溜め息をつくように言ったのが印象的だった。

T　③　放水開始まで二〇秒――「ホース一本＝一〇秒」で用意――

T「ハイ、次、〝放水開始〟――。」

「略地図」の中に消防車の絵カードがまだ出してなかったので、タンク車とポンプ車の絵カードを取り出すと、子どもたちが話し始めた。

大津「ブーブ（消防車）がなくちゃ、ダメだよ」

中宮「タンク車、前にあるんだよ」

加藤武人《たけと》「どうせなら、タケト君が（絵カードを）描いてやったのにぃ」

ここで、「勤務編成表」を見ながら、第一小隊（植木部長）が大型のタンク車で出動し、第二小隊（大月小隊長）が小型のポンプ車で出動したことを確かめた。どちらも四人乗務である。

T「ハイ、着きました。二九分に着いて、放水開始は、何分だ?」

C「三〇分」　C「三〇分!」

中宮「（受け付けから）五分しかたってない」

T「（公式の）記録は、一時三〇分。だけど、実際はね、二〇秒くらいで放水開始だそうです。着いたらば、ホースを取り出してガチャっとやって、水が出るまで、二〇秒くらいだそうです。だから〝二九分→二九分〟でもいいんだけれど、まあ、一分たったとすれば（三〇分）ね。一分たたないくらい、凄いよう」

④「タンク車は火災現場に横付けし、ポンプ車は貯水槽に横付けする」――消防車はどこに止まったか――

二〇秒で放水開始したのは「タンク車とポンプ車のどちらか」と聞くと、「タンク車」という答えがすぐに返ってきた。タンク車は一五〇〇リットルの水を積んでいるので、火災現場に横付けしての初期消火に威力を発揮する。火災現場を見て来た大津君に消防車の配置を聞いてみると、タンク車は母屋と物置の真ん中に止まっていたと言う。

T「ポンプ車は、どこにあった？」

大津「この川の所から、水を取ってた」

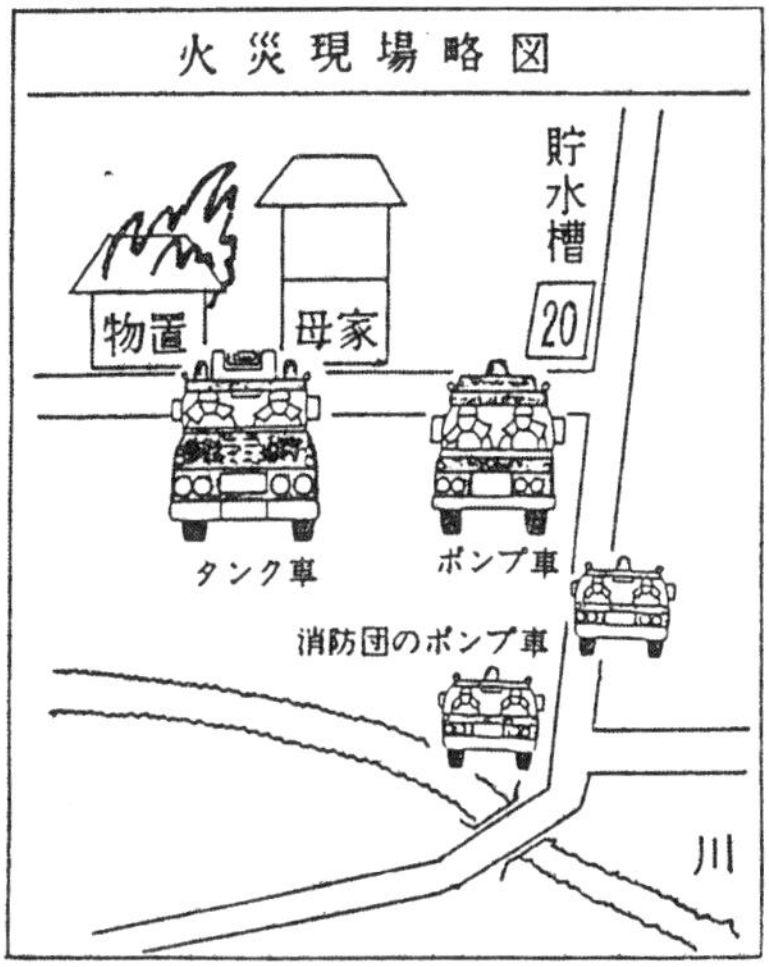

火災現場略図(2)

「貯水槽」と答えてくれるものとばかり思っていたので、この答えにはやや戸惑った。川から取水していたポンプ車というのは、内原消防署のポンプ車なのではなく、後から応援に駆けつけた消防団のポンプ車なのである。火災現場の手前の川で、大津君はそれを目撃していたのであった。

消防団については後で取り上げる予定だったが、発言があるならここで出ても悪くはない。とりあえず、内原消防署のポンプ車の絵カードを貯水槽わきに横付けさせてから、消防団用にと用意した小さなポンプ車の絵カードを、大津君の言う場所に二台貼りつけた。

⑤「燃えていない方にまず放水」――最初の放水は物置か母屋か――

「勤務編成表」の第一小隊の所を色チョークで囲みながら聞いた。
T「ハイ、誰が放水したでしょう」
C「小松さん！」 C「小松さん！」
大津「〝放水長〟って書いてある」
T「（消防士の絵カードを出して）ハイ、これ小松さんです」（笑）
隊長の植木さん、機関員の飯田さん、操作員の佐藤さんの仕事を確認した後、放水の順序の問題を聞いた。
T「――、放水長の小松さんは〝物置に水を掛けたか、母屋に掛けたか〟――」
質問の途中から、「ハイ、ハイ」と手が上がった。大津君を指名。
大津「ハイ、分かった――、物置」
ほとんどがこの物置説だったが、母屋説の子も数人いた。
照山「違う」 C「違う」。
照山「何か……〝母屋〟ってね、植木部長さん言ってた」

C「（何人かが口々に）最初は、物置でしょうよ」「物置だよ」
賑やかな言い合いになってしまう。
T「タンク車は水を持っているので、ホース一本をつないで、やる（放水する）までに一〇秒だそうです。この時は、二本つないだ。二本のホースを引っ張って、ここまでダーッと行ったんだそうです。（母屋と燃えている物置の）真ん中に入った。真ん中で、どっちに水を掛けたか」
大津「物置」　C「物置」
T「ハイ、物置だっていう人？」
C「ハーイ！」

絵カード「放水長・小松三男さん」

T「圧倒的多数——、母屋だっていう人？」
C「ハーイ」（照山、弓野、吉田、健史、他）
T「じゃ、（理由を）言って」
健史「ウント、物置はもう燃えてるからぁ、母屋が火事になったらぁ、ウント、また火事が広がっていくから」
T「（だから）母屋の方に掛けたと思う。濡らして燃えないようにした」

健史「物置はもう燃えたから、意味ないって（植木部長さんが言っていた）」

T「じゃあ、それに対して――」

友美子《ゆみこ》「物置を、少し火を弱らせて、そしてから母屋に掛けたと思う」

物置と母屋とは四メートルしか離れていない。その真ん中へ入った放水長の小松さんがまずどちらに放水したか――。子どもたちの知識では、これ以上は詰められない。

T「（小松さんに）聞いたらね、こういう時には、決まりがあるんだって。小松さんが言ってた。どっち行ったと思う？　こう（母屋の方に）行ったんだそうです」と言いながらホースを母屋に向ける格好をする。

T「母屋！」

次に「母屋の一階に掛けたか二階に掛けたか」と聞くと、即座に「二階！」という答えが返ってきた。

T「うん、ここ（二階）を狙った。ここを濡らして燃えないようにしてから（物置に）ちょっと掛けるんだそうです。するとフーっと下がる。で、またこっち（母屋）をビショビショに濡らす。こっち（物置）がまたそのうち燃えてくるんだそうです。すると、こっち（物置）へまたスーっと掛けると、フーっと下がる。その間、小松さんは〝早く第二線（二本目のホース）が来てほしいなあ〟と思ってた。焦っていた」「〝こっち（後方）から来る二本目のホースが欲しい、早く来てくれ〟と思いながら〝二対八〟でやっていた」

⑥「ポンプ車で貯水槽の水を中継する」――タンク車の水が切れたらどうするか――

タンク車に積載されている水は一五〇〇リットル（一・五立方メートル）である。「一立方メートル＝一分」で計算すると、一分三〇秒しか放水できないことになる。この間にポンプ車が貯水槽から取水してタンク車に水を中継することになる。

T「一分三〇秒後には、もう無くなっちゃうんだわ、もう水。そうすると、どうなりますか」

中宮「また（火が）広がってっちゃう」

T「広がっちゃったの？」

中宮「広がってない」

照山「貯水槽から水を取って……」

T「誰か説明して、――」「――大ちゃん、言って」

志賀大輔「最初にポンプ車からタンク車のどこかの穴に、水が行くのを付けてから――」

黒板の前に出てきて「略地図」の中にチョークで書いて見せる。

T「――。ポンプ車、水、無いでしょう。どこから……」

大津「川から取った」

大津君は、消防団のポンプ車が川から取水していたのがよほど印象的だったらしい。消防署のポンプ車は貯水槽から取水していたわけだが、思わず「川から取った」と言ってしまっている。
T「〝水槽〟からポンプ車、ポンプ車からタンク車。こうだよね。」
照山「〝貯水槽〟だよ」（私の言い間違えを訂正してくれる）
T「失礼しました」
大津「貯水槽が無くなったら？」
大津君が盛んに問題を出してくる。自分が見た消防団のポンプ車のことを話したかったのかもしれない。
⑦「だいたい消える」までに二八分――二〇立方メートルの貯水槽でこれが可能？――
T「ハイ、〝だいたい消える〟が何だったたっけか、何分に消えると言ったんだっけか？」
C「二八分！」
T「二八分たつと、これ（時刻）幾ら？　何時、一時――」
C「五八分！」
時刻表に「1：58」と記入する。
ここで、笹島さんから「（私のノートには）五三分って書いてある」という発言があった。この場では確認のしようがないので、一応二八分として進むことにする。
T「――、じゃ、これ（二〇立方メートルの貯水槽）だけで、消えるかな？　水は間に合いましたか？」
Ｃ「間に合わない！」
Ｔ「水は全部で――、今までは、貯水槽が二〇、載ってたのが一・五。そうすると、二一・五でしょう。二八分――、二三分でも足りないね。ハイ、足りない水はどうした？」
Ｃ「川から取った！」
Ｔ「それが大津君の見たやつか。その間に、消防団が来てたんだよな」
大津「そんでね、――」
照山「なぜ二台来たか分かった」
Ｔ「ハイ、（略図を指して）ここからこう取ったのかな」
大津「違う！」
大津君に確かめながら、チョークで川から線を引き、さらに、消防団の二台のポンプ車をつないで、その先を大津君に頼んだ。
志賀「貯水槽！」　Ｃ「貯水槽！」
中宮「（消防署で）説明してくれた時、貯水槽にやってた」
大津君も貯水槽に線をつないで席に着く。
消防団のポンプ車によって川から中継されてきた水は、消防署の消防車に直接つなぐのではなく、貯水槽に入れるのであった。

この後、消防団のポンプ車がなぜ二台あるのかが問題になった。照山君などから「ホースが短かったから」という意見が出た。大津君は「あそこ、ねえ――、川の脇が坂だったから、そこで（水の勢いが）減っちゃうかもしれないから」と言う。

ホースが何本も長くつながると、一台のポンプ車では力が足らなくなる。水を「吸い込んで押し出す」のがポンプ車の役割であるから、こういう時には途中途中に別のポンプ車が入って中継していくことを説明した。

⑧「全部消える」のは六〇分後――水の使用量は六〇立方メートル――

全部消えた時刻を聞くと、消防署でのメモを見て、「二一九分」「二時二九分」という答えがすぐに出た。これをだいたい「二時三〇分」と考えることにして、それまでの水の使用量を問いかけた。簡単にサイコロ六〇個分が出ると思っていたのだが、子どもたちからは「二八個」という答えが出てしまった。

T「説明が悪かったね。ハイ〝だいたい消えた〟のは、二八個使ったね。だけど、まだやってたんだジャージャー。何でだと思う？」

中宮「小さい火が残ってると、それがまた――」

他の子も同じようなことを話し出す。昨年、鎮火した後、夜中に再出火した火事があったことを思い出したらしい。

T「放水開始が一時半だよ。終わったのが、二時二九分、あるいは二時半。それまでずっとやってたら？」
C「う――んと……」
T「全部で何分？」
T「簡単に、半で見てみるか？　一時半から二時半まで、どれだけ？」
C「一時間！」
T「〝一時間〟。一時間は何分？」
C「六〇分」
T「六〇分は何個？」
C「六〇個」
T「六〇個――、一分前だから五九個、五九個分使った」
C「おおお」

誘導尋問のようにして、やっと「六〇個分（五九個分）」を引き出した。

(5)「平均消火時間は三五分」――自分の家の近くの貯水槽は〝20〟か〝40〟か――

この後、もたもたした問答を続けながら、消防団が川からの水の中継に重要な役割を果たしたこと確認する。そして、消火栓の問題にも触れた。内原町は簡易水道のため、消火栓は水圧不足で消火活動の主力には成り得ないのだと言う。
T「そうすると、内原では、火事を消すためにどうしても作らなきゃならないのは――、もう分かっちゃったでしょう、貯水槽だね」「ところが、見て。あそこは火事を消すのに、全部で二三分とか二八分とかかかかったんでしょう？　ところが、水はどれだけ？」
C「二〇個分」
T「二〇個分しかない」
　ここから、身近な貯水槽の話になる。
中宮「普通、四〇個ある」
T「四〇個ありますか。みんなの家には？」
健史「近くにある」　C「ない！」
T「四〇個ある？」
健史「うん、四〇個」
大津「ああ、（あそこなら）あるよ」
志賀「豆腐屋の所になら（貯水槽が）ある」
健史「なあんにも無いの……川も何も無いの。家ばっかしだから」
大津「オレんちも」
　自分の家の周りの貯水槽について、あちこちで自由に話している。

T「みんなね、じゃここで、一つ宿題。自分の家の周りに、ちゃんと消せる――、一軒の家の火事は何分て言ったかな、平均。（C　三五分）。うん、三五分」「だから、三五分の火事を消せる四〇個分の貯水槽があるかどうか――、確かめてください」
（子どもたち、賑やかに話し出す）
照山「公民館の前、四〇かもしれない」
青木「分かんなあい」
洋「洋君ち、分からないよね」
大津「うん」
T「じゃ、大きさ考えて、神社の四〇のと同じだったら四〇でしょう。どうですか、比べて」
洋「神社のがどれくらいか、分かんない」
T「ああ、それが分からない。じゃ、今日見てみて」
（略）
T「じゃ、「鯉淵の物置火災」の授業、これで終わります。調べてね――」
（約四七分）

3　終わりに――授業は新たな調査を生み出す結節点――

社会科の調査活動を、子どもたちは楽しんでやってくる。「内原消防署の仕事」の学習の中でも、子どもたちは、「消防車や救急車の問題」を初めとして、「広域消防」のこと（無線の周波数が共通）、消防署にお風呂があること（火災出動＝ずぶ濡れ、汗・泥まみれ）、食堂もあって当番で夕食を作っていること（外食は不可）、「救急病院」のこと、消防団のこと、等々、沢山の調査を行っては教室で「研究報告」をしてくれた。一人がある調査をしてくると、何人もの子がその日の内に関連したことを聞いてくるのだった。

授業中に、救急出動のサイレンの音が聞こえると、その時刻をメモして置く。そして、「帰りの会」が終わるとともに消防署に駆けつけて、「＊時＊分の救急出動について教えてください」と質問するようにもなった。

それならば、授業は子どもたちの「研究報告」をするだけの時間なのだろうか。そうではなくて、授業は「新たな調査を生み出す結節点」なのだと思う。

今回の授業で、私は「水利」の問題を取り上げた。貯水槽や消火栓について、子どもたちは消防団と関連させてある程度調査していたが、内原町では貯水槽が決定的に重要であることには気付いていなかった。

消火のためには四〇立方メートルの貯水槽がどうしても必要なのだ――。このことは「鯉淵の物置火災」という一時間の授業を通して気付くべき重要な問題なのだと思う。その授業の結果として、子どもたちは貯水槽が気になって仕方がなくなってくる。授業の中で新たな学習課題が生まれたのだ。

この日は午前中の授業だったこともあって、沢山の子が貯水槽調べに走り回った。照山君は夕方、調査結果を書いたノートを持って学校に報告に来てくれた。自転車に乗って二一か所も調べまくり、ついでに鯉淵の火災現場まで実見してきたという三人組もいた（洋、健史、大輔）。荒井史恵《ふみえ》さんは、母親に頼んで夜の八時頃に車で七か所見て回ったということだった。

反省することも数多い授業であったが、幾らかは「新たな調査を生み出す結節点」としての役割が果たせたのではないかと思う。

Ⅳ 「島畑」の謎を探る（小４・社会科）
——明治九年（一八七六年）「地引絵図」の語る世界——

（一九九〇年度実践）

1 戦時下の土地改良工事——「武具池《ぶんぐいけ》と八丁田圃《はっちょうたんぼ》」——

常磐線内原駅を過ぎて水戸方面に向かうと、沿線に水田地帯が広がるのが見える。一〇アールごとに整然と区画された美田が、常磐線の線路から国道五〇号線にかけて遥かに続いている。この水田地帯は内原町北部の高台にある武具池《ぶんぐいけ》を用水源とする田圃で、地元ではここを「八丁田圃《はっちょうたんぼ》」と呼び習わしている。今となってはありふれた田圃の風景だが、この地区の耕地整理事業が実施されたのは一九四五年前後のことで、それは茨城県内でも最初期の耕地整理事業であり、当時としては人々の目を瞠らせる近代的な水田風景であったという。

社会科副読本「うちはら」では、「郷土を開いた人々」の単元に、この戦時下の土地改良工事「武具池と八丁田圃」を取り上げている。では授業化にあたって、この教材の核をどう捉えるべきだろう。

「大東亜戦争」末期の人不足・物不足の時代に、内原町（当時は下中妻村）が他町村に先駆けてどうしてこのような土地改良工事を実現できたのか——。これは、誰もが抱く疑問であろう。そしてその疑問は、実は「大東亜戦争」末期であったからこそ内原で土地改良工事が出来たのだという事実に出会って驚きに変わる。

この「武具池と八丁田圃」の土地改良工事の中心を担ったのは、当時内原にあった満蒙開拓青少年義勇軍（三八年〜四五年、所長、加藤完治）の訓練生と農業増産推進隊の隊員だったというのである。「大東亜戦争」末期、内原の青年・壮年層のほとんどは、徴兵され戦地に赴いていて不在であった。しかし、義勇軍内原訓練所には、常時一万人の訓練生がおり、その中から毎日二千人が工事に出動したのだという。

工事の実際がどのようなものであったかは、義勇軍関係者の著書が貴重な手がかりになってくれた。しかし、敗戦時の焼却処分により正式の文書類は残っておらず、特に地元の住民がこの工事にどう係わったかとなると、関係者の死去と資料散逸によってほとんど分からなくなっている。農村の人々は義勇軍関係者と違って記録を残さないのであった。すでに四五年以上の年月が過ぎ去っている。当時二〇歳の方も今では六五歳である。聞き取り調査の最後の機会かもしれないと思った。

2　八丁田圃の乾田化に必要な物――工事内容と教材の核――

八丁田圃の土地改良工事の目的を要約すると、「湿田の乾田化による二毛作田の実現」（湿田から乾田へ）ということになる。

具体的な工事内容は、次の四つに整理出来る。

(1)　武具池拡張工事（水源の確保）
　①　「ダム化」のための築堤工事
　②　桜川からの取水トンネル工事（一六〇メートル）
(2)　大排水路工事（乾田化）
(3)　耕地整理工事
　①　耕地区画の整備
　②　用水路・排水路の整備
　③　農道の整備
(4)　暗渠排水工事（二毛作田化）
（＊(3)の一部と(4)は戦後に実施された）

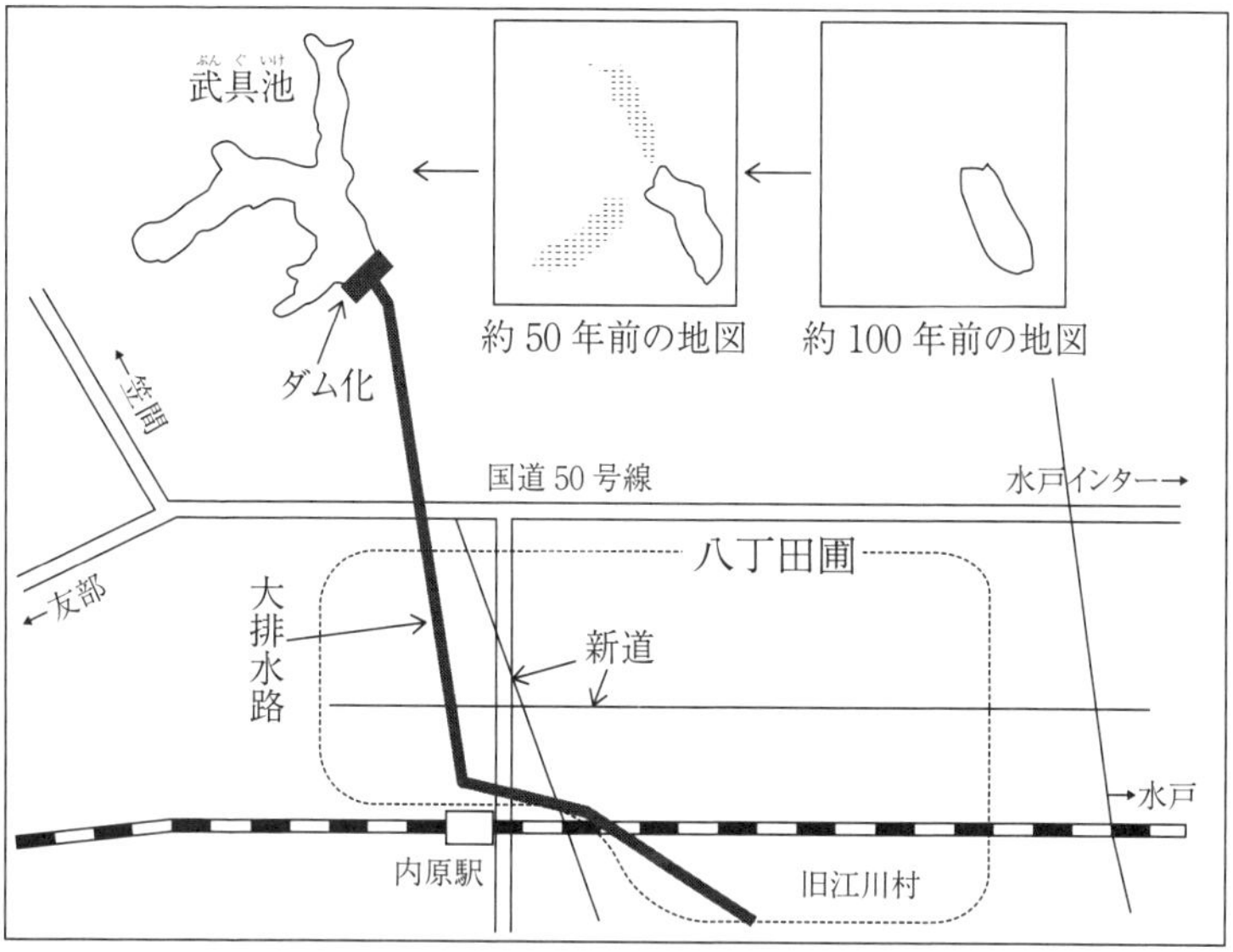

図１　略図「武具池と八丁田圃」

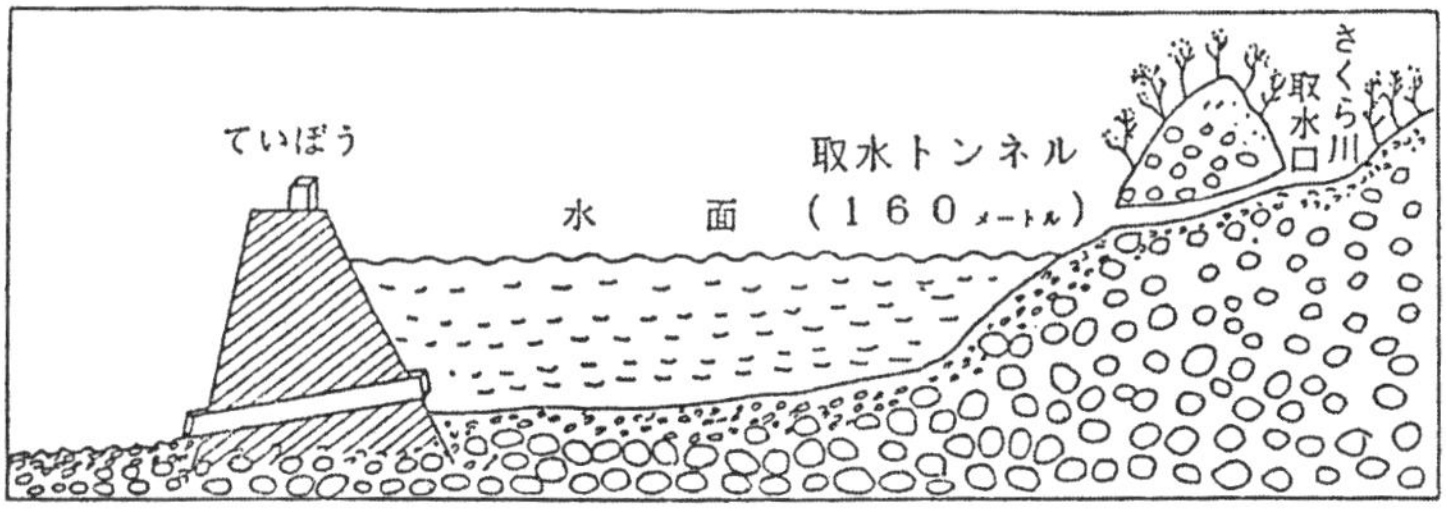

図２　武具池の断面図（副読本「うらはら」）

この中でも、⑴の「武具池築堤工事」と⑵の「大排水路工事」が中心となる工事であったようだ。とりわけ「武具池築堤工事」は難工事であり、土砂崩れによる生き埋め事故で義勇軍の工事参加者二名が命を失っている。

（谷村基洲　奈良県生駒郡北倭村　一七歳）
（西本清蔵　奈良県郡山市　一七歳）

「戦時下の土地改良工事」という時代的条件を大枠とした上で、この教材の「教材の核」として私が考えたのは、次の四つであった。

(1)　ひと冬での工事であること
工事は四三年一二月八日（開戦記念日）に始まり翌四四年六月に終了している。翌年の田植えに間に合うことが工事の絶対の条件だったのである。
(2)　築堤工事をするだけで武具池が拡大したこと
武具池全体を人間が掘って拡大したのではない。ダム化によって拡大したのである。国土地理院の旧版地図の比較によってそれを示す。
(3)　大排水路工事が耕地整理工事よりも優先したこと

排水が出来ていない湿田状態では、農道作りや耕地整理工事はとても不可能である。何よりも早く大排水路を完成させて水を引かせる必要があった。

⑷「湿田のコメ作り」の実態を明らかにすること

明治九年（一八七六年）の地引絵図（地籍図）が地元の旧家から見つかった。この地図は子どもたちを明治初年の江川村（八丁田圃の一部）に対面させる力を持つだろう。

ここでは、⑷の「湿田のコメ作り」の部分を選んで授業の様子を紹介し、その問題点を考えていきたいと思う。

3　授業「ドブ田のコメ作り」（九〇年一二月七日）

⑴「湿田というより〝ドブ田〟だね」

「湿田から乾田へ」がこの工事の目的であり、人々の願いであった。それはよい。しかし、その湿田のコメ作りがどんなに大変なものであったかが、私にはさっぱり実感できなかった。目の前にあるのはすべて乾田であり湿田は過去の風景でしかないのである。

歴史学習の困難性はここにあるのだと思った。過去は目に見えない物であり、目に見えるのは現在ばかりである。「現在の風景の中に過去の風景を読み取る」のだと意気込んではみたものの、途方に暮れるばかりであった。

そんな中で、湿田についての一つの具体的なイメージを与えてくれたのが、「ドブ田」という言葉だった。取材した何人もの方が、この言葉を使った。

「湿田というより〝ドブ田〟だね」

というのだった。「ドブ田」と聞くと、今にもズブズブと足が沈み込んでいく感じがして、田圃の泥の中まで見えてくるようだった。さぞかし仕事もしづらかったろうなと思われるのであった。湿田が客観的な漢語であるのに対して、「ドブ田」はいかにも主観に満ちた和語であると感じた。

授業は「乾田」「湿田」「ドブ田」などの言葉の意味の確認から始めた。授業の題名も「ドブ田のコメ作り」として板書した。

(2)「明治九年（一八七六年）・江川村の〝地引絵図〟」に対面する。

「昨日は、杉崎の谷津千代司《やつちよじ》さんから借りた絵地図を見たよね。明治九年（一八七六年）の杉崎村の絵地図でした。武具池もちゃんと出ていて凄かったね」「今日も、地図を借りて来ました。そう、江川村の明治九年の絵地図です。江川村にも明治九年の地図があったんだよね。世界に一枚しかない大切な地図ですが、江川の飯田健一郎さんにお願いして本物を借りて来ました。こうやってみんなの勉強を沢山の人が応援してくれているんだよ」「この前、江川の田圃を見学に行った時、飯田健一郎さんのお話を聞いたでしょう」

こう言いながら「地引絵図」を広げ、黒板にマグネットを使って掲示した。明治九年（一八六七年）の絵地図の出現とともに、子どもたちは過去の時代へ吸い寄せられて行くようだった。黒板からはみ出すほどの大判の地図とは言え、毛筆の文字や細部の地形は見えにくい。そこで、黒板近くに子どもたちを集めて絵地図の読み取りをすることにした。

大きさは、縦一四〇センチメートル、横一三〇センチメートル、生紙《きがみ》と呼ばれる和紙に毛筆で細かく描かれている。その上、黄色や緑の絵の具で着彩されているので実に美しい。右下に、地目の色分けが書いてあった。

赤	○	道
青	○	川　堀　種井
白	○	田
黄	○	畑
黄		宅地
橙	○	社寺　墓地 馬療治場　斃馬捨場
緑	○	秣場　萱場　塚地　薮地
黒	◉	境塚
白		荒畑

（＊　○の中に色が染めてある）

この絵地図は、現代の地図とは方位が反対で、北が下になっている。そのままでは、子どもたちの頭の中の地図と重ね合わせることができないので、上下を逆さまにして掲示するしかなかった。字名や地番の文字が反対になって読みにくいがやむを得ない。

① 現在の建物を重ねてみる

明治九年（一八七六年）と言えば、一一四年も前の時代である。大地形はそのままであっても、細部の変貌は著しい。特に、かつての平地林が住宅地に変わり、新しい道路が整備されているので、この絵地図を現在の内原の地形に重ね合わせるのは簡単ではない。

しかし、手がかりは、この絵地図その物の中にあった。田畑や宅地の一筆毎に記入されている地番が、何と現在の地番と全く同じなのであった。現在の地番さえ分かれば、その場所をこの絵地図の中に捜せるのである。

例えば、内原小学校は一四五一番地であるが、これを捜すと下の方に「千四百五十一スワ」（「スワ」は小字名）と出ていた。たったこれだけのことで、嬉しくなってくるから不思議である。絵地図のその場所は緑色、「秣場《まぐさば》・萱場・塚地・藪地」の印である。内原小学校は六年前開校の新しい学校だが、その時、「湿地を埋め立てて敷地を造成した」という話を聞いたのを思い出した。

この調子で、三、四分、子どもたちのよく知っている場所を捜してみることにした。

(1) 内原駅近くのアイワチェーン・833
(2) 地蔵院（お寺）・908

(3) 白樺クリーニング・138
(4) 旧役場・720
(5) 荒井史恵さんの家・711〜2
(6) 利根川純子さんの家・672〜2
(7) 飯田健一郎さんの家・518
(8) 武藤好彦さんの家・517
(番地からも分かるように、飯田さんの隣の家である。子どもたちはこの家で、五〇年以上も前の物という田舟を見つけてきた)

この「場所捜し」の作業は面白かった。私がその場所を見つける度に、子どもたちは、漢字の地番を覗き込んで「本当に五百十八だ」と呟いたり、「地蔵院のところ、茶色だ、お寺だから」「僕んち、あの後ろの方だよ」と叫んだりしていた。

② 「現在の江川地区の地図」を重ねてみる

子どもたちは、二日前に江川地区の現地学習に出かけて、「用水路と排水路」の仕組みを確かめていた。その「現在の風景」を、この絵地図の「過去の風景」に重ね合わせることが必要だった。そこで、絵地図の下部に江川地区の「耕地整理図」を重ねて貼り、田圃の部分が上下

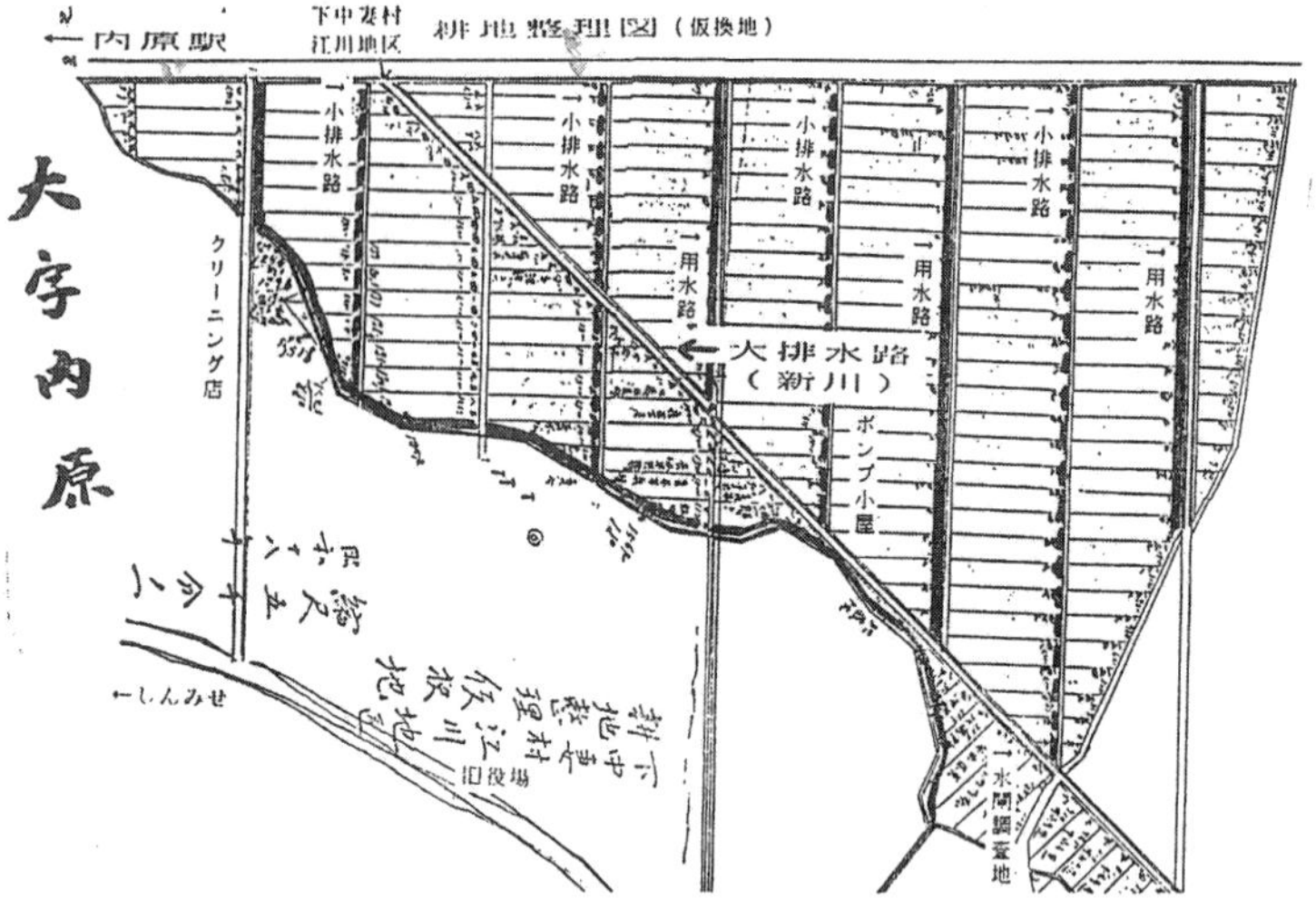

掲示資料２　現在の江川地区の地図

で比較できるようにした。

この時は、「用水路と排水路」の問題を考えるということで「耕地整理図」を選んだのだったが、実際に重ねてみると、どうもしっくりしなかった。考えてみると、「耕地整理図」は宅地部分が空白なのである。そのために、住宅部分のある絵地図とバランスが取れないのだった。ここは、「住宅地図」の拡大コピーを使うべきであったと思う。

（現地学習の時は、「住宅地図」のコピーを持たせた。「住宅地図」の有効性については、高橋金三郎編著『教室いきいき生活科――地図を片手にふるさと探検』（新生出版）に詳しい記述がある）

③「どうして右の方にだけ、畑が沢山あるんだろう」（照山義章）

絵地図に慣れてきたところで、この明治九年（一八六七年）の「地引絵図」の田圃の部分について、気付いたことを話し合うことにした。子どもたちからは次のようなことが上がった。

(1) 道が細い（道路は赤色なので、目に付きやすかったのかもしれない。なるほど細い道が何本も通っている）
(2) 田圃がばらばら（耕地整理前の田圃は形も大きさも様々である）
(3) 池がある（小さな池が二つ並んでいるのが見つかった）
(4) 川が二つ流れている（青色の線が、田圃の上の方と下の方に二本流れている。地図ではかなり太く描かれている）
(5) 田圃のなかに畑がある（初めは左の方の畑が見つかった。するとすぐに、右の方には、もっと沢山の黄色の畑があることが指摘された）

「どうして右の方にだけ、畑が沢山あるんだろう」

と照山義章君が呟いた。私は、

「いい質問だねえ」

と感嘆したように大きな声で言った。私は、この照山君の発言をきっかけにして「島畑」の問題に切り込んで行こうと思った。実は、用水路が途中で切れていることも、子どもたちから出

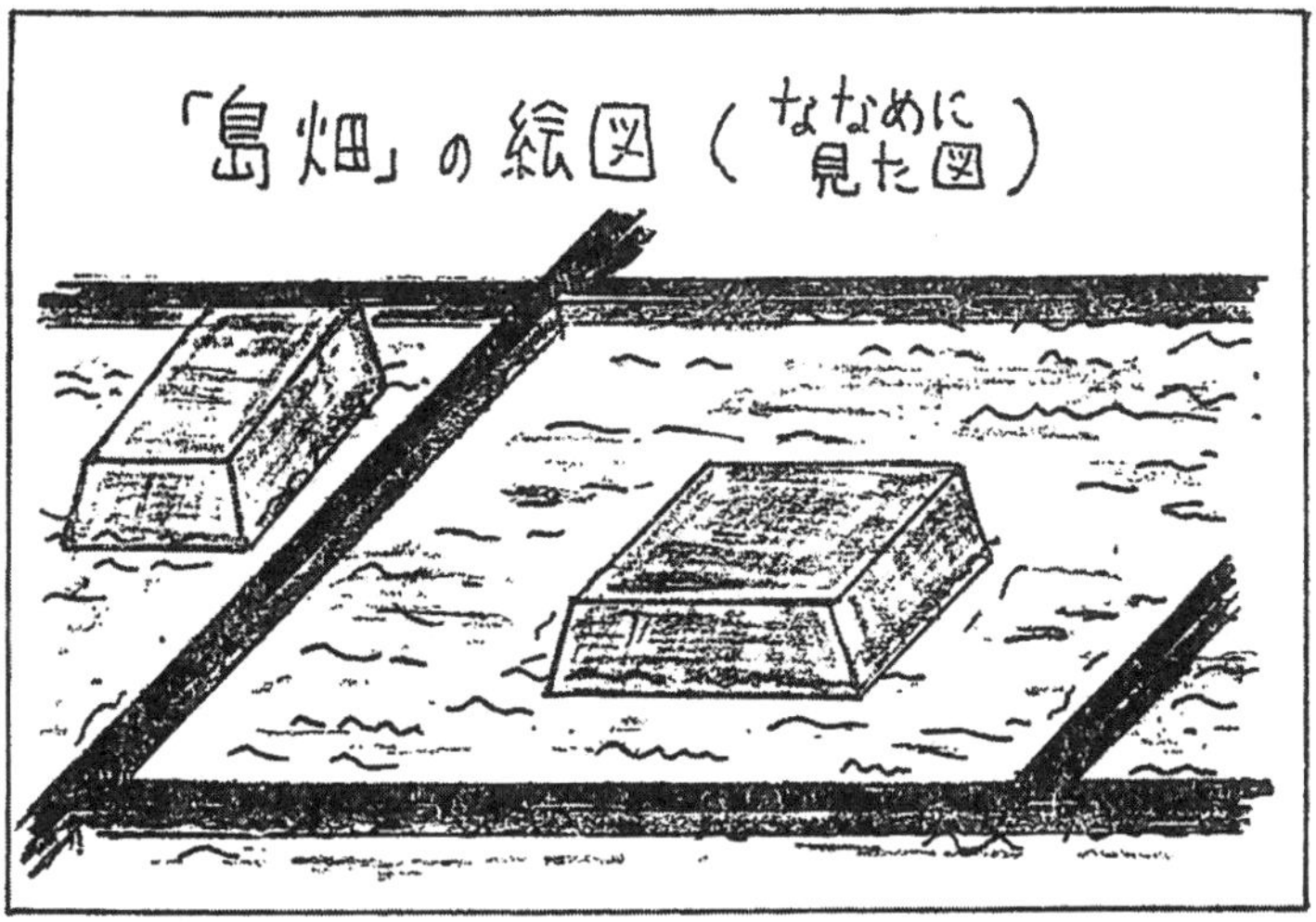

掲示資料３　「島畑」の鳥瞰図

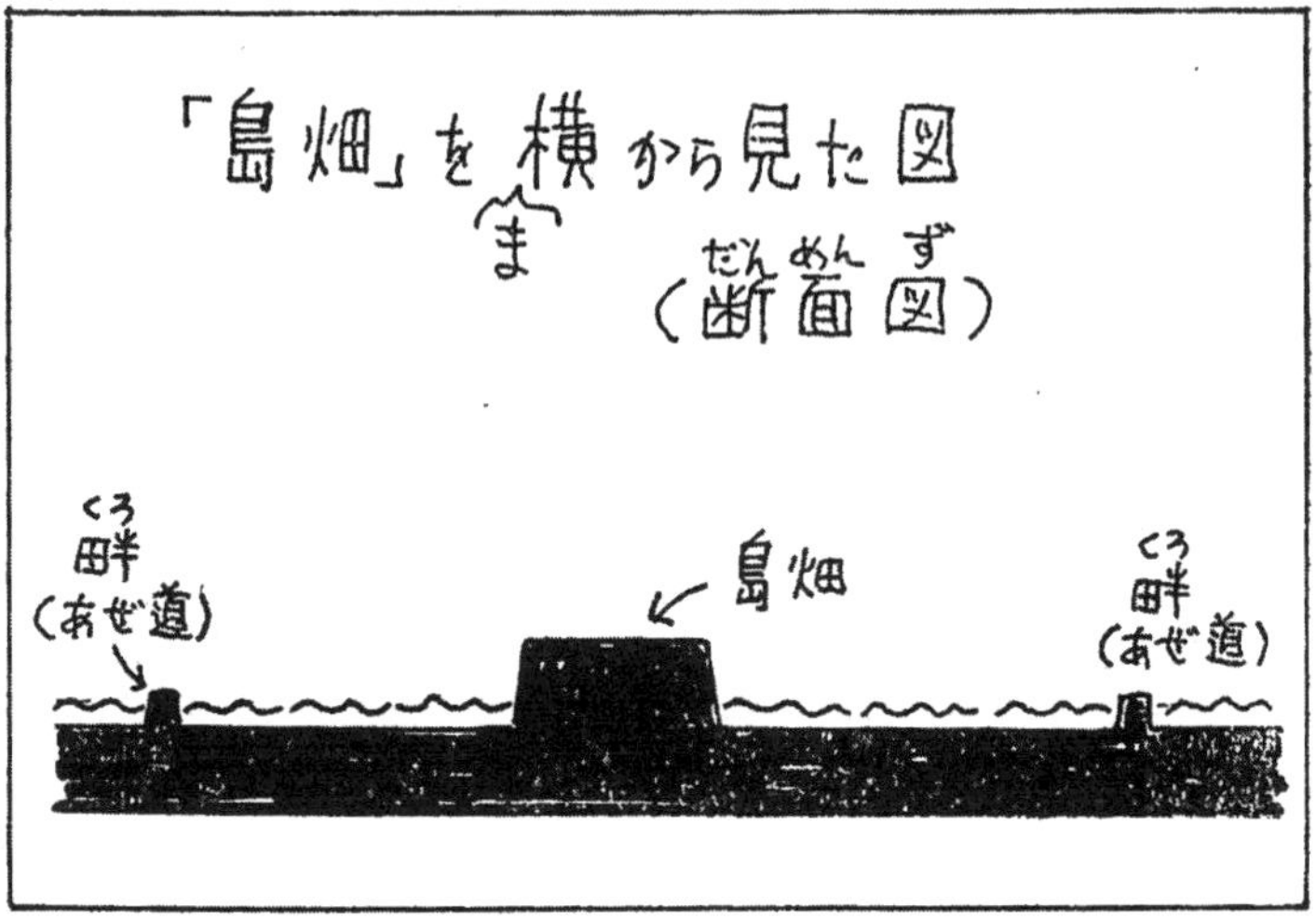

掲示資料４　「島畑」の断面図

してほしかったのだが、それまで待っていたのでは授業の流れが止まってしまう。今こそ、この照山君の呟きを生かして「島畑」の問題を考えるべき時だと思った。

「みんな、どう思いますか。どうして、右の方にだけ畑が沢山あるんだろう」

しかし、子どもたちからは何の考えも出なかった。困ったような表情を見せるばかりだった。これは、子どもたちが自分で考えるだけの材料が提示できていなかったということかもしれない。

④「島畑」（田圃の中の畑）は、田圃の土を掘り上げて出来た物

そこで、「島畑」の解説をすることにした。「こういう〝田圃の中の畑〟のことを、何というか知っていますか」と聞くと、岡田智美さんが「島畑」と答えてくれた。江川地区の現地学習で飯田健一郎さんからお話を伺った際に、岡田さんと川末恵理香さんの二人は「島畑」という名前を聞いていたのだった。

とは言うものの、二人が知っているのは言葉だけである。私は、用意してあった「島畑」の鳥瞰図と断面図を取り出して、子どもたちに見せた。そして、ここで問題を出した。

問題

「島畑」は、畑を削って田圃にした残りの部分なのか、それとも、田圃を掘ってその土を盛り上げて畑にしたのか。

A 畑 ↓田圃

B 田圃↓畑

子どもたちに手を挙げてもらうと、圧倒的にA（畑↓田圃）が多かった。B（田圃↓畑）は、わずかに二人だった。その二人も、聞いてみると「何となくそう思う」と言うだけで考えの根拠は示せなかった。

この問題の正解は、B（田圃↓畑）なのである。「島畑」の絵を見た時、常識的にはA（畑↓田圃）と考えるのが普通だろう。この発問は、子どもたちの常識的な考え方への「ゆさぶり」のつもりだった。

私自身、飯田健一郎氏からこの話を聞いた時には、自分の常識を揺さぶられて驚いていたのだった。飯田氏によると、「島畑」は、田植え時の水が大量に必要な時期に、自分の田圃に少しでも水を引きたいがために田圃を掘り下げたことによって出来たものだという。掘り取った土は、どこにも運びようがないのでその田圃の中に場所を決めて積み上げていくしかない。こ

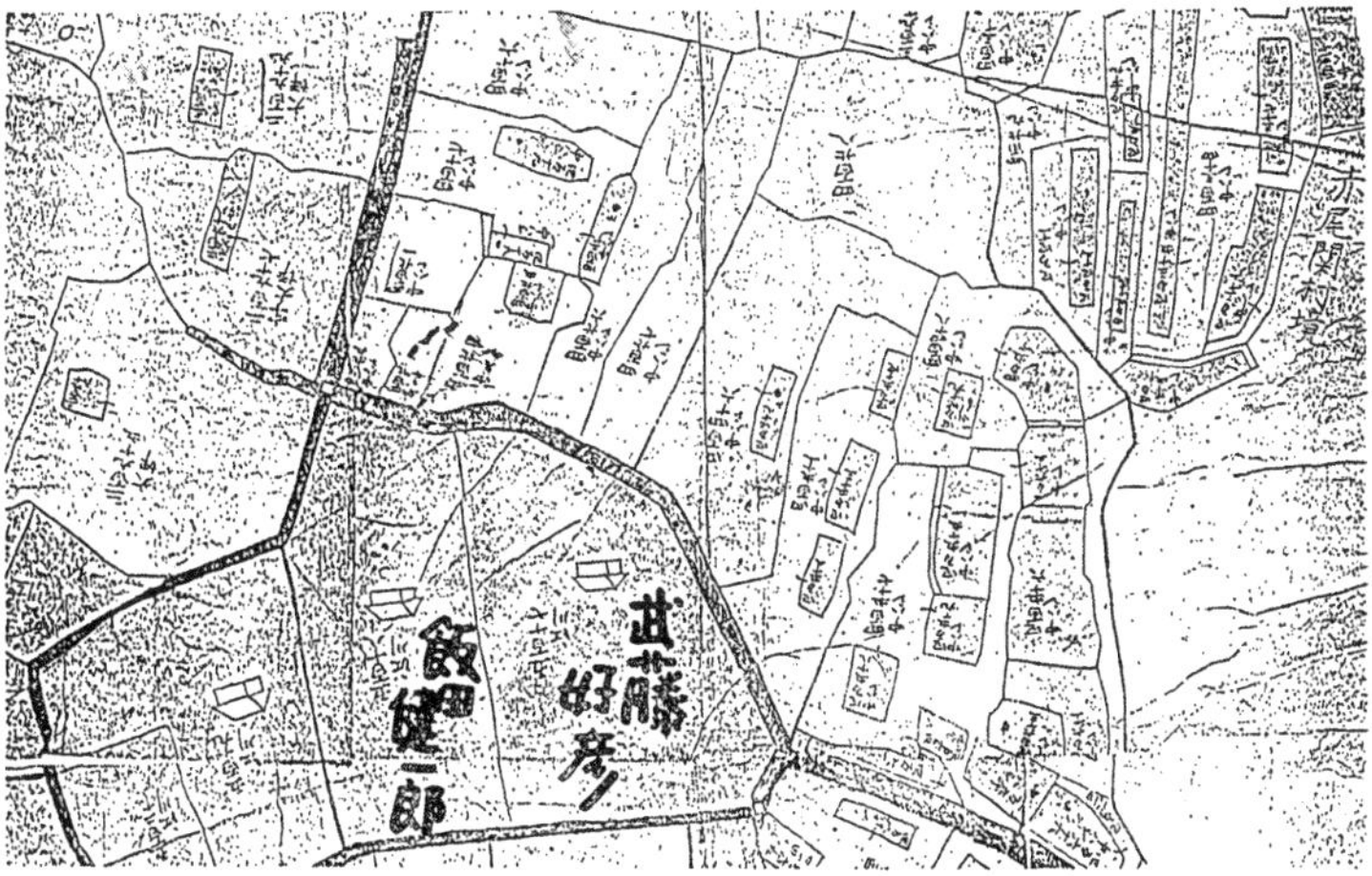

図４　配布資料「江川の島畑」

うして、田圃の中に畑が生まれていく。その畑は、水を張った田圃の中で、あたかも海の中の島のように見えるところから「島畑」の名が付いたのだろうという。

⑤「島畑」の謎を探る

しかし、これは不思議な話である。江川の田圃は、「ドブ田」と呼ばれるほどのひどい湿田のはずではなかったか。水捌けが悪く、一年中水が溜まっているのが湿田のはずである。「水が有り過ぎて困っている」湿田と、「水が無さ過ぎて困っている」島畑とでは矛盾してはいまいか。

私の疑問はこうである。

湿田の「島畑」への疑問

A　水が有り過ぎて困る……湿田
B　水が無さ過ぎて困る……島畑
AとBとは矛盾しないのか。

飯田健一郎氏にお尋ねすると、田植え時に必要な水というのは大量なものなので、いくら湿田でもそれ以上に水を引かなくては田植えは出来ないという答えだった。こちらの疑問が理解できないという感じであった。

「だってそうでしょう。田起こしの時は水が無い方がいいけど、代掻きするにも苗植えするにも、水が無かったらどうしようもないですよ」「とても仕事にならないですよ」

実際の湿田を知っている者にとっては、何の疑問もないことなのである。ここは、飯田健一郎氏の説明のまま進むしかなかった。

湿田の中に「島畑」がある風景は、「ドブ田のコメ作り」の苦闘を象徴しているように私には思えた。「島畑」を作れば、田圃の面積はその分減少する。当然、収穫も減少するわけである。しかし、水が引けなくて全然収穫がないことと比べれば、「島畑」による減収の方を選択することになる。

いや、これは考え方が逆かもしれない。「島畑」法は、「減収」ではなくて「増収」のための方法なのだ。水が引けなくて収穫ゼロという状況に対抗して、「島畑」を作って田面を低くして水を引くという方法を採ることによって、幾らかでも収穫を上げているのだから「増収」なのである。

こうしてみると、「ドブ田のコメ作り」の困難さとして二つの問題が浮かび上がる。

> A　水が有り過ぎる困難さ
> B　水が無さ過ぎる困難さ

AとBは矛盾ではなくて、二つながら同時に存在しているらしいのだ。

⑥「用水はどちらに流れているか」

授業は、「島畑」が「田圃→畑」であると知って驚いた子どもたちに、その理由を説明するところである。私は、ここでもう一つ子どもたちに問いかけた。

「ここに用水路があるね。この用水は、どちらからどちらに向かって流れているの?」

絵地図を見上げた子どもたちの中から、「左から右」という声が上がった。現地学習をしているので、用水の流れの方向に迷いはなかった。

「うん、左から右に流れている。だったら、この左の方の田圃と、こっちの右のほうの田圃とでは、どっちの方が水を取りやすいだろう？」

「左の方！」

「水の取りにくいのは？」

「右の方！」

「うん、水の取りにくい右の方に島畑がたくさんあるんだよね。さっき照山君が〝どうして右の方にだけ、畑が沢山あるんだろう〟と疑問を出してくれましたが、答えは出たんじゃありませんか」


私は、こう言って、「田面を低くして少しでも水を引こうとした」という飯田健一郎氏から伺った話を子どもたちに語って聞かせた。子どもたちはうなずきながら聞いていた。ここで授業は時間切れになった。

(3)　延長戦の授業の中で――「島畑」の教材解釈再考――

子どもたちからは、「湿田なのにどうしてそんなに水が必要なのか」という疑問は出て来なかった。私の説明をそのまま率直に聞いている子どもたちを見ていると、私は授業の延長戦がしたくなった。私自身が本当には納得できていないことを、子どもに教えていていいものだろうか。

研究授業の参観者が去った後の教室で、私は気楽な気持ちで、子どもと一緒に「島畑」の問題を考えてみようと思った。

①「水よ来い！」と「水よ出てけ！」――コメ作りの手順と用水・排水――

黒板の「耕地整理図」には、大排水路を中心に、用水路と排水路とが整然と交互に並んで流れていた。「田圃には用水と排水が必要なのだったな」と、私はぼんやりと考えていた。そして、「用水と排水とで説明が出来ないだろうか」と思いついた。

コメ作りの手順を板書したあと、子どもたちに「用水」か「排水」かを尋ねていった。

＊田起こし――排水「水よ出てけ！」	
＊代掻き――用水「水よ来い！」	
＊田植え――用水「水よ来い！」	
＊草取り	
＊肥料	
＊イネ刈り――排水「水よ出てけ！」	

いつの間にか、「排水」は「水よ出てけ！」であり、「用水」は「水よ来い！」であるというような言葉を使って説明していた。こんな説明をしていると、田圃の仕組みの原理が自分でも

分かったような気がしてきた。

②「用水」の保証がないから「排水」も出来ない——用水・排水はセットで考えよう——

田圃には「用水路」「排水路」が不可欠なものであるとすると、湿田とは何なのだろうか。「排水」が出来ていないのは明白だが、もう一つの「用水」の方はどうなのか。「用水」の方も不確実なのは、「島畑」の存在が証明しているではないか。

私は、今まで「湿田には水が有り過ぎるほど有る」と思い込んでいたが、それは正確ではない。コメ作りの仕事の段階によって、田起こしやイネ刈りの時は「水が有り過ぎる」のだが代掻きや田植えの時は「水が無さ過ぎる」というのが実態だったのである。

コメ作りは、水の量の調節をその本質とするのに対して、水の量の調節の出来ないのが湿田なのである。「水が有り過ぎて困る」のが湿田なのではない。「水の調節が出来なくて困る」のが湿田なのである。

田起こしの時に、排水路を作っていったん水を落としたなら、その後の代掻き、田植えの時に水が全然来なかったらどうしようもないから、恐くて水が落とせないのである。排水の前提には用水があるのだった。用水の保証がなければ、排水は我慢するしかなかったのである。

「武具池と八丁田圃」ということで考えれば、この「用水の保証」のための工事が武具池の築堤工事（ダム化）ということなのだろう。八丁田圃を「湿田から乾田へ」と変える（排水）

ためには、武具池の拡張工事（用水）が必要だったということなのだろう。

武具池のダム化…………用水
八丁田圃の乾田化………排水

これが、「武具池と八丁田圃」という教材の構造ではないかと思う。
気付いてみれば、「そんなことは当たり前のことではないか」ということになるが、私は、この延長戦の授業をする中で、湿田についての新しい解釈をやっと持つことが出来たのであった。そして、「武具池と八丁田圃」という教材の構造もやっと摑めたのであった。

私の出あった実践者たち・綿引弘文

――子どもと一緒に追求を楽しむ

佐久間勝彦

斎藤喜博氏が病床でかきのこしたオペレッタの台本は、「子どもの世界だ」(『子どもの世界だ』一莖書房)である。

秋のあたたかい日でした
広い広い林のなかの
細い細い道を
一人の少年が
ゆっくりと歩いていました
秋の日があたたかくさしこんでいました

――という朗読からはじまるこのオペレッタには近藤幹雄氏が作曲をし、東京の瑞穂第三小学校の公開研究会で、初めてその発表があった。

子どもたちが自然の一つひとつと心を通わせながら、楽しく遊び、学ぶ世界。そういう世界がつくられることを、斎藤氏は死の際まで願っていたのであろう。

ところで、村の太郎が「美しい世のなかを　正しい世のなかを　みんなが楽しむ世のなかを……そんな世界をつくろうよ」と、ソロで呼びかけると木々はうれしそうに答える。

　ぼくはくぬぎだ
　わたしはならの木
　ぼくは松の木
　わたしはシャボン玉の木よ
　ぼくは栗の木
　私はねむの木

――林のはたに住む木々の代表として斎藤喜博氏があげたのは、この六つであった。

ところでこの中には、私の知らない木があった。それは〝シャボン玉の木〟である。いったい〝シャボン玉の木〟などが、あるのだろうか。

瑞穂第三小学校の指導に出かけた宿でも、何回かこのことが話題となった。

作曲者の近藤氏は、どうして〝シャボン玉の木〟があげられているのか、全くわからないといったようなことを口にした。

箱石泰和氏は「これは斎藤氏の空想の木だろうね。こういう木があったらおもしろいだろうという思いで考えた木だろう」と言う。

くぬぎ、なら、松、栗、ねむの木に中にまじる〝シャボン玉の木〟は、どう考えても実在性に乏しい。

綿引弘文氏は、そのころ次のように思っていた。

「いくら低学年向きのオペレッタであるとは言え、『シャボン玉の木』ではあまりに幼稚すぎて、子どもが照れてしまうのではないか。『シャボン玉の木』などという歌詞がなければ良かったのに……」

このように「子どもの世界だ」に接した人は誰もが〝シャボン玉の木〟の個所で、とまどいを感じていた。

＊

当時、綿引氏は四年生を担任していた。その学級では毎朝、「走り物・変わり種」の発表を子どもがするならわしになっていた。

ある日、庄司葉子さんがエゴノキの実をみんなに見せながら発表をした。その時、庄司さんは「シャボン玉の木……」と言いかけてから「エゴノキ」と言いなおしたという。（＊補注

1985年1月16日・朝の報告）。

「変だなァ、どうして〝シャボン玉の木〟だなんて言うんだろう。この子は『子どもの世界だ』のオペレッタを知らないはずなのに」と、綿引氏は不思議がった。

放課後、庄司さんの日記帳を開くと、そこには、はっきりと「シャボン玉の木」という題が書かれていて、「エゴノキのこと」と注までがつけられていた。

同氏は帰宅後、『野外ハンドブック・樹木』『日本国語大辞典』などを引き、エゴノキについて調べた。また、庄司さんに、もっとくわしく聞いてくるように依頼をした。

「お母さんはおじいちゃんに電話をかけて、『本当にシャボン玉ができんの？』ときいたら、『本当にできるよ』と言ったそうです」「夏になると、みどりの実がなるので、それをつぶすと、しるが出てくる。それに水を少し入れてかきまぜるとあわが出る。とてもきれいなシャボン玉ができるそうです」

新たに報告された庄司さんの日記で、〝シャボン玉の木〟という愛称の由来がよく分かる。綿引氏はことの経過を学級通信にのせ、父母や祖父母などからさらに聞き取りをするように、一人ひとりの子どもに呼びかけた。〝シャボン玉の木〟の追求が家族ぐるみで深められていくのであった。

その記録を、私は『事実と創造』第五二号（一莖書房）に書いてもらった。すると、綿引氏の原稿を読んだ編集者の大江卓二氏から、「シャボン玉の木は斎藤喜博宅の庭にあった」という手紙が送られてきた。

つまり、〝シャボン玉の木〟は決して空想の世界の木ではなく、斎藤氏が毎日、庭で目にしていた木であった。もしかしたら、幼いころの斎藤氏はその木の実をつぶして、シャボン玉をつくって遊んだ。そういうなつかしい木なのかもしれない。

くぬぎ、なら、松、ねむと並んだ一つひとつの木について、植物図鑑や辞典で調べようともせず、勝手な決めつけをしていた私は、とても恥ずかしい思いをした。〝不明なことは必ず辞典で確かめよ〟という鉄則を、私は綿引氏に教えられた。

*

あれから四年たち、綿引氏は「内原町のイチゴ作り」「鯉淵の物置火災」「武具池と八丁田圃」等の社会科の授業を次々と実践した。子どもたちと取材や観察、調査をつづけながらの息の長い追求であった。

それは塚本幸男氏のひらいたフィールド・ワーク社会科に触発されたものである。しかし、その実践の源流は、〝シャボン玉の木〟の追求の時にすでに存在していたと言えよう。

今年から中学校の国語教師に転じた綿引氏に、新しい領域でも実証的な実践を切り開くことを期待したい。

（一九九一年・『ゆずり葉』第91号掲載）。

V　宿泊学習の可能性に挑む
——《アイヌ民族の文化に学ぶ・北海道の旅》（中1・中2）——
（一九九二・九三年度実践）

はじめに

＊「船中泊」とは、水戸市の企画による、フェリーを利用した「北海道五泊六日の宿泊学習」のこと。

「船中泊《せんちゅうはく》」は、中学教師への、市長からの《挑戦状》である——。私はそう感じ、ほとんどこの企画を憎悪した。「体よくやり過ごして安穏な道を選ぼうか、それとも破綻を恐れずに市長の《挑戦》を受けて立つべきか」。

しかし、「教育」が「冒険」の別名である以上、私には後者の道を選ぶしかなかった。そのためには、与えられた「船中泊」の課題を換骨奪胎し、飯富中の生徒のための独自の課題へと変貌させてしまうしかない。

「北海道五泊六日の宿泊学習」という大舞台。四四人の生徒たちを主役として、私は、そこでどんなドラマを創造できるだろう。
大ワクはすでに決まっていた。

(1) 行きと帰りは船で一泊ずつ
(2) 札幌か苫小牧で一泊
(3) 「日高少年自然の家」で二泊

「船中泊」のテーマを求めて、思いあぐねる日々が続いた。そうしたある日、「あの偉大なアイヌ民俗学者・萱野《かやの》茂《しげる》氏の住む二風谷《にぶたに》は、日高のすぐそばだ！」と気がついた。それと同時に、《アイヌ民族の文化に学ぶ・「船中泊」の旅》の構想が、私の中に渦を巻くようにして浮かび上がってきた。
「行事」とは、「授業」が拡大深化されたもの。ならば、「船中泊」は次のような十か月にわたるロングスパンの学習活動として組織できそうだ。

第1期《調査研究活動》1月～3月
第2期《表現制作活動》4月～6月
第3期《現地体験学習》6月

写真１　萱野茂さんのお話に耳を傾ける（読売新聞・平しの記者撮影）

第4期《記録報告活動》7月～10月

五泊六日の《現地体験学習》は、あまりにも長い。しかし、「アイヌ民族の文化に学ぶ」というテーマなら、その全体を構造化できるのだった。

1日目《船》＊夜出発
2日目《船》
3日目《二風谷訪問》
①「平取町立二風谷アイヌ文化博物館」見学
②「萱野茂スペシャル」
＊カムイユーカラの暗唱
＊萱野茂さんのお話
＊「萱野茂自然教室」
③アイヌ民族の「踊り教室」

④　二風谷ダムの見学
4日目《日高少年自然の家》
①　アイヌ紋様の「木彫教室」
②　山小屋体験
5日目《札幌班別自由行動》
①アイヌ民族関係機関訪問
6日目《船》＊　夜帰着

「大洗～苫小牧」間は、フェリーで二〇時間。この時間も、行きは「〝ユーカラの暗唱〟と〝踊りの練習〟」の時間として、帰りは「〝札幌班別自由行動の報告会〟と〝記録タイム（紀行文作成）〟」の時間として有効に利用できる。

以上が、シナリオだった。シナリオは脚本家の手を離れ、学級担任という名の舞台監督（竹村照子・江原隆一・萩谷成子）によって演出された。そして、四四人の生徒たちは名優となって、日常性を越えた清冽な姿を現した。

今となっては「成功」したことが奇跡としか思えない。応援してくださった方々に深く感謝したい。

＊　「千葉・春の合宿」と「夏の合宿研究会」では、ビデオによる報告をした。ここでは、関係者への

手紙や生徒の感想を中心に書いていきたいと思う。なお、読みやすさを考えて適宜小見出しを補記し、人名や団体名の注も織り込むことにした。

1、第1期「調査研究活動」（1年生3学期）——萱野茂《かやのしげる》さんへの手紙——

（九三年三月一三日）

人物紹介・萱野茂さん

一九二六年、北海道沙流《さる》郡平取《びらとり》町二風谷《にぶたに》生まれ、アイヌ語を母語とし、祖母の語る昔話・カムイユカラを子守歌替わりに聞いて成長。アイヌ民具の収集・保存・研究に取り組み、「二風谷アイヌ文化資料館」を設立。アイヌ語の伝承・保存のため、古老からの昔話・カムイユカラ等の録音収集に尽力、金田一京助のユーカラ研究の助手も務める。アイヌ語研究の第一人者として、アイヌ語辞典を編纂。『ウエペケレ集大成』で菊地寛賞、他に北海道文化奨励賞、吉川英治文化賞を受賞。現在、「萱野茂アイヌ記念館」館長。著書『アイヌの民具』『アイヌの碑』など多数。

1、北海道五泊六日の宿泊学習——大洗からフェリーで苫小牧へ——

初めてお手紙を致します。一月以来、萱野さんにどう手紙を書いたものかと思いあぐねながら、時が過ぎてしまい、今日は三月十日です。先ほど、NHK「ニュース二一」の「特集・ア

写真2　アイヌ民族服を示す北原きよ子さん

イヌ語の辞書を作る」で萱野さんのお姿を拝見し、手紙を書く決心がつきました。

番組は、NHK札幌放送局の宍戸《ししど》仁明《まさあき》記者のリポートでした。私たちにとって、宍戸記者の名前は、すでに親しいものになっています。NHKの衛星放送で放映された「アイヌモシリ・人間の静かな大地――アイヌ民族と北海道――」を見て以来、いくつかの番組を生徒たちとともに見て、その感想の一部を宍戸氏に送りました。その結果、札幌からお電話をいただいたり、ファックスでシマフクロウについての情報をお送りいただいたりするようになりました。NHKの萱野さんへの取材が進んでいるのを見ながら、私のほうも行動を起こして萱野さんに直接お願いすべき時がきたのだと思いました。

自己紹介が遅れました。私は、茨城県水戸

市の飯富《いいとみ》中学校（古平隆校長。全五クラス・生徒数一三二名）に勤務する教師です。現在は、一年生の学年主任（教科は全学年の国語科担当）です。学級は二クラス（それぞれ二二名ずつで、合計四四名）で、学級担任の先生二人とともに一年生の仕事を担当しています。

水戸市では、六月に中学校二年生を対象に、北海道五泊六日の宿泊学習が予定されています。水戸市内一五の中学校の二年生全員が、六つの班（船）に別れて、順次北海道に向かいます。大洗から苫小牧までの往復はフェリーを利用するため、「船中泊」と呼び慣らわしていますが、苫小牧か札幌で一泊、そして、日高少年自然の家で二泊する計画になっています。

2　大課題「アイヌ民族の文化に学ぶ」——集中した快い学習の世界に誘《いざな》うもの——

昨年一二月に、この企画を手渡されて以来、私は担当者としてあれこれ考え続けてきました。その結論から先に申し上げると、「何とかして萱野茂さんの力をお借り出来ないだろうか」ということになります。

五泊六日の宿泊学習というのは、生徒にとっても、また教師にとっても、「巨大な行事」というしかありません。普通の観光旅行的な取り組みでは、とうてい生徒たちを、集中した快い学習の世界に誘うことは不可能です。ここは、どうしても学習のための「課題」が必要だと思いました。しかもそれは、五泊六日の全体を貫くような、魅力的な「大課題」でなければなりません。

そういう「大課題」として、私は、「アイヌ民族の文化に学ぶ」というテーマを考えました。それは、実は、萱野茂さんの存在に思い当たったからでした。

萱野さんについては、学生時代から、本多勝一氏の著作を通して多少の知識がありました。そして、その後の小学校教師の生活の中でも、未来社のアイヌ関係の本を買い集めたり、本多氏の著作を読み続けたりしながら、アイヌ民族の文化についての関心を心の隅に置いていたように思います。

一昨年、私は中学校に異動となり、光村図書の国語科教科書（三年）で本多勝一氏の「民族と文化」という教材を教えるようになりました。ここで、萱野さんの存在が急速に身近なものとなってきました。長く気にかかっていた『アイヌの碑《いしぶみ》』も、朝日文庫に入ったことで、やっと読むことができました。萱野さんが参議院選挙での比例代表区の候補となったことを知り、生徒とともにその当選を期待したりしました。また、アイヌ語辞書の編纂が着々と進行していることも、『三省堂ぶっくれっと』で目にして、その出版を心待ちにしていました。

3、「二風谷訪問」を「船中泊」のメインに――萱野茂さんへの協力依頼――

話が、なかなか核心に入れないでいます。「萱野さんのお力をお借りしたい」というのは具体的には次のようになります。

(1) 六月二一日（月）の一〇時頃から三時頃までを、「二風谷訪問」ということで、今回の「船中泊」の中心として位置付けたいのですが、当日のご都合はいかがでしょうか。

《活動内容（案）》
① アイヌ文化資料館の見学
② アイヌ語教室
③ アイヌの踊り教室
④ 近くの山林での自然教室
⑤ 二風谷ダムの見学
⑥ その他

(2) 六月二二日（火）の日高少年自然の家での活動（アイヌ文化についての追体験学習——例えば、イナウ作り・チセ作り・マタンプシ作りなど——）の実施について、相談に乗っていただきたいのですが、いかがでしょうか。

★ 三月二五日（木）・二六日（金）・二七日（土）に「船中泊」の下見で北海道に参ります（二風谷訪問は二六日の予定です）。その時に、萱野さんにお会いしてご相談ができればと思っております（詳しくは、後日お電話を差し上げるつもりです）。

どうも、いきなり身勝手なお願いばかりで恐縮なのですが、ご承知いただければ幸いです。なにとぞ宜しくご協力をお願い申し上げます。

4 「その昔、この広い北海道は、私たちの先祖の自由の天地でありました」（知里幸恵《ちりゆきえ》）
――《「船中泊」ガイダンス》から――

以下、少し長くなりますが、今までの経過について書いてみたいと思います。

一月二三日（金）に、「船中泊」のガイダンス（案内）をしました。その時のプログラムは次のようでした。

「船中泊」（6月19日～24日）ガイダンス

(1) 「船中泊」の目的（略）
(2) 五泊六日の旅（略）
(3) 統一テーマについて

「アイヌ民族の文化に学ぶ」

① 知里幸恵「アイヌ神謡集」序（プリント）
「その昔、この北海道は、私たちの先祖の自由の天地でありました」

② ビデオ「あるアイヌの遺言」
◇日本ウタリ協会副理事長・貝沢正氏
◇アイヌ民族の誇りを取り戻すための一生
◇二四年ぶりのアイヌ式の葬儀

(4) これからの活動について（案）

このガイダンスのあと、生徒に感想を書いてもらいました。その中から何人か引用してみます。

鈴木　志信

ぼくは、第一回目のガイダンスをやって、初めてアイヌ民族のことを知りました。日本人の身勝手さをつくづく感じました。「アイヌ・モシリ」、人間の静かなる大地、それを日本人が取り上げてしまった。ぼくも日本人です。はっきり言って許せないです。ぼくが早く貝沢正氏を知っていたら、きっと力になっていたと思います。

安斎　宏美

「アイヌ・モシリ」という言葉の中に「人間の静かな大地」という意味があるということを聞いて、アイヌ人という人たちは自然を大事にしているんだなと思いました。その中の一つとして、貝沢正さんは、病気の体ながらも病院から外出し、ダム建設の話に最後まで反対していました。その他にも、貝沢さんは、他のアイヌ人の人たちのためにアイヌ語教室を作ってあげたりしていました。

私は、その場面を見てとても感動しました。そして、私は、「少しでもアイヌ語やアイヌ人について調べたい」と思いました。そして、萱野茂さんに会って、アイヌ人のことを教えてもらいたいと思います。

加倉井　留美

私は、今日初めて、北海道にアイヌ人という民族がいることを知りました。最初は「どんな人たちかな」と不思議な気持ちがありました。でも、ビデオを見たら、「アイヌ人がかわいそうだな」と思いました。アイヌ人の人数が減ってきていることが分かったからです。

アイヌ語をしゃべれる人も少ないと聞いたので、一瞬だけれど「私がアイヌ語をしゃべれる人になる」と思いました。一九歳で亡くなってしまった知里幸恵《ちりゆきえ》さんは、「もっとアイヌを知ってほしい」と書いていたので、くわしく調べたいです。

船山　牧子

今日、先生方が北海道のことをいろいろと話してくれました。アイヌの天才少女（知里幸恵さん）や（「船中泊」の）日程などを話してもらい、私の心はハラハラドキドキの連発でした。二年生になるといろいろと大変なことがあるけれど、「船中泊」という楽しい旅が待っています。

今、現在、アイヌ人はアイヌ語を話したりしないで、日本語をしゃべっています。けれど、アイヌ語を話さなくなり、生活の中での不自由なこともあったと思います。（NHKのビデオで）アイヌ人のお墓はその家によって模様が違うと聞き、「彫る人はその家の主なのだなあ」と思った。

これから、アイヌ語を勉強していくのは、とても楽しみでしょうがない。今年から二年生は北海道へ行けるのは、とても運がいいんだなあ、と思った。

このガイダンスのあと、NHK現代ジャーナル「失われた森を求めて／北海道・アイヌモシリへの旅」（九三年一月一八日放送）を見せて感想を書かせました。この感想は、宍戸仁明記者に送りました。

5、「新聞記者冥利につきるひとときでした」——本多勝一記者からの手紙——

国語の時間には、本多勝一氏の「アイヌモシリ（苫東）」（朝日新聞「新・風土記」より）の一部分を抜粋し「アイヌのくらし」と題した文章を読ませました。そして、「本多勝一さんへの手紙」という形で感想を書かせ、本多氏へ送りました。

本多氏からの返事は期待するほうが無理だと思っていたのですが、二月二十七日に、本多氏から励ましの手紙を受け取ることができました。

拝復　綿引弘文様

先日は、生徒たちの手紙を合本したものをお送りいただき、大変有難うございました。同封の手紙のような次第で拝見が遅れて申しわけありませんでした。

まず、綿引先生のこのような授業に対するご熱心な態度に深く感銘を受けました。腐敗・堕落した日本の政治状況を見ると絶望的になりますが、このような先生方がいるかぎり未来に希望がさしてくるような気がします。

さて、生徒たちの手紙を走り読み致しまして、「アイヌ」という言葉や民族について全く知らなかった生徒がおられるのには驚きましたが、これも現実なのでしょう。私の文章が少しでもこうした人々の役に立てれば幸いです。生徒たちの率直な感想や励ましの言葉

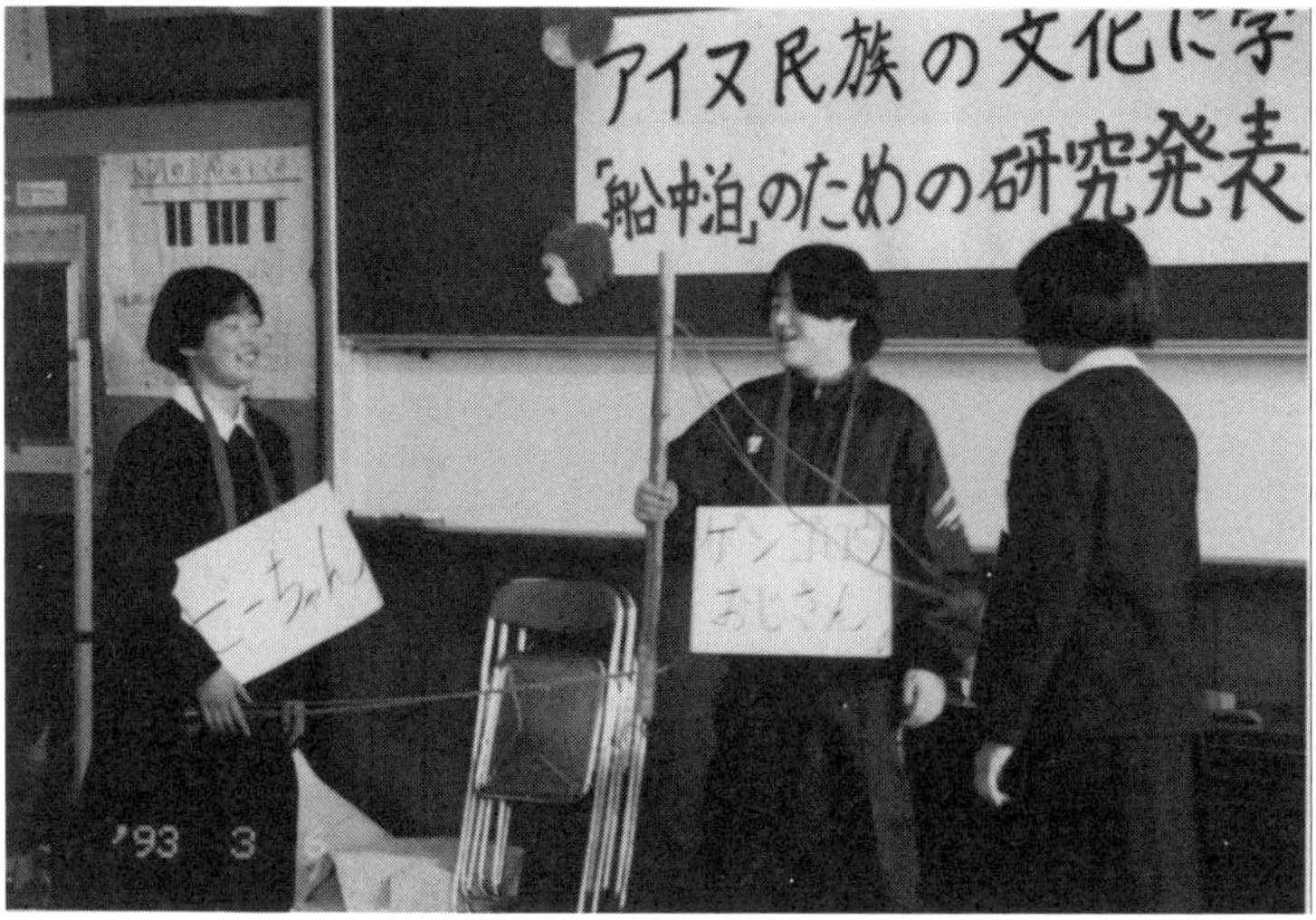

写真３　「遊び」グループの研究発表

に心から嬉しく思われ、読みながら新聞記者冥利につきるひとときでした。日本の先住民族たるアイヌについて、このような率直な気持ちを失わずに大人になっていただきたいものと存じます。現実はなかなかキレイ事には行きませんが、しかし本質的には生徒さんが感じているところが正しいと思います。

多忙なままに簡単なお返事で申しわけありませんが、何とぞに生徒たちによろしくお伝え下さい。

二月二六日

本多勝一

この手紙を受け取って、生徒たちがどんなに喜んだか分かりません。自分たちの勉強が、広い社会へ向かって広がっていくことの楽しさを実感したのではなかったかと思います。

6 《「人」に学ぶ》という方法論――一か月続いた調査研究活動――

アイヌ民族の文化についての調査研究は、約一か月続きました。テーマ毎に、四人か五人のグループを一〇班作り、水戸市立図書館や茨城県立図書館を利用して調査を進めました。三月六日（土）の授業参観日に父母向けの研究発表会を開くことにしたため、発表の機会を与えられた生徒たちは、張り切って準備に励みました。学級担任（竹村照子・江原隆一）が、可能なかぎりの時間を用意し援助を惜しまなかったおかげで、発表資料は次々に出来上がっていきました。

この「船中泊」の方法論として、私は《「人」に学ぶ》ということを生徒たちに強調していました。本からだけ学ぶのではなく、積極的に「人」を捜し、「人」を求めていって、「人」から直接学ぶことをさせたいと思っていました。それは、現在の学校の学習活動ではそこが一番の弱点だと思うからです。

本多勝一氏に手紙を書いたのも、その気持ちからでした。NHKの宍戸仁明記者にも協力を依頼しました。北海道ウタリ協会札幌支部では、電話での問い合わせに対して、多原良子《たはらりょうこ》さんという方がアイヌの踊りのビデオを送ってくださいました。北海道生活福祉部ウタリ福祉

写真4　マタンプシ（鉢巻き）とテクンペ（手甲）

係の田村氏は、『アイヌ民族を理解するために』一〇〇部他、各種の資料の手配をしてくださいました。

また、茨城県歴史館が、松浦武四郎《まつうらたけしろう》グループの生徒たちに、松浦武四郎の『蝦夷漫画《えぞまんが》』を特別に閲覧・写真撮影させてくれたのも、嬉しい出来事でした。

さらに、歴史館の情報で、茨城に二〇〇年前のアイヌ衣装が大切に保存されていることも分かりました。服装グループは、担任（江原隆一）とともに、タクシーで五〇分もかけて久慈郡水府村の旧家を訪ね、木村謙次《きむらけんじ》（近藤重蔵の探検隊に参加、「大日本恵登呂府島」の木標を書いた人物）の持ち帰ったアツシを見せていただいてきました。

写真5　『蝦夷漫画』を拡大（「松浦武四郎」グループ）

7、「アイヌ文化に対する憧れ」が生まれた
――北原きよ子さんの講演から――

　そんな中で、《「人」に学ぶ》が最も実現したのは、関東ウタリ会の北原きよ子氏が講演を引き受けてくださったことかと思います。生徒たちの調査研究は「アイヌ民族の文化」についてでした。そうであるなら、観客は父母だけでなく、ぜひともアイヌの方にご覧いただきたいと思いました。「アイヌ民族の文化」についての研究発表をアイヌの方に見ていただく――、生徒たちにとって、これほど発表意欲をかき立てられることはありません。

　NHKの番組のビデオ（北原きよ子氏の場面）を見て、生徒たち全員が北原きよ子氏に手紙を書きました。そうした学習をした上での講演です。生徒たちは、親しい小母さんのお話を聞くようなゆったりとした気持ちで、

“アイヌ民族の文化に学ぶ”
「船中泊」のための研究発表会
プ ロ グ ラ ム

1．はじめの言葉　（山田和司）

2．北海道5泊6日の宿泊学習
――「船中泊」について――　（岡田朋子・山田和生）

3．グループ別 研究発表

◆ 第1班　アイヌ民族の 家造り
◆ 第2班　アイヌ民族の 道具
◆ 第3班　アイヌ民族の 神話と物語
◆ 第4班　アイヌ民族の 音楽
◆ 第5班　アイヌ民族の 遊び
◆ 第6班　アイヌ民族の 食事
◆ 第7班　アイヌ民族と シマフクロウ
◆ 第8班　アイヌ民族の 言葉
◆ 第9班　アイヌ民族と 松浦武四郎
◆ 第10班　アイヌ民族の 服装

4．お母さんにインタビュー
（村沢明美・笹島好紀）

（ちょっと休憩）
（この後で、北原きよ子さんの講演になります）

5．講師紹介　（第1学年主任　綿引弘文）

6．講演　北原きよ子 先生（関東ウタリ会事務局）
「アイヌ民族の誇りを取り戻す
――関東ウタリ会の活動の中から―」

7．感想発表・生徒にインタビュー
（村沢明美・笹島好紀）

8．謝辞　（校長　古平　隆）

9．終わりの言葉　（梶山清美）

資料「研究発表会プログラム」

北原氏の講演に耳を傾けていました。

北原氏のほうも、生徒たちの気持ちを正面から受け止めてくださっていました。アイヌの民族衣装を自宅から何枚もお持ちくださり、生徒たちの前に広げて見せてくださいました。北原氏がアイヌ衣装を広げるたびに、生徒たちの席からはどよめきが起こりました。北原さんが長男の次郎太《じろうた》さんのために作ったという「マタンプシ」や「テクンペ（手甲）」「ホシ（脚絆）」には、「かっこいいなあ」「私もひとつほしいなあ」という声が上がりました。私は、この声を聞いて、「これだ！」と思いました。この声は、生徒の中にアイヌ文化に対する憧れ（敬意）が生まれたことを示していたからです。

アイヌ民族について、幕末・明治の悲惨な歴史を教えたり、現在も残る差別の問題を指摘したりすることは、とても大切です。しかし、それだけでは、生徒たちは「アイヌはかわいそうだ」という感想から先へ進めません。

私は、「明るいアイヌ」「楽しいアイヌ」を生徒に教えたいと思いました。昔の日本人が中国に憧れたのは、中国文化への憧れがあったからであり、戦後の日本人がアメリカに憧れたのは、アメリカ文化への憧れがあったからです。アイヌ民族についても、そうだと思うのです。感覚的な理解のほうが、意外な力を発揮します。「かっこいいなあ」「私もほしいなあ（真似したいなあ）」と感じることこそが、学習の出発点なのです。（略）

北原氏も、同じお考えからだったのでしょう。感覚的理解を重視する北原氏は、歌を歌ってくださったり、さいごには、踊りまで教えてくださったりしました。私は、北原氏と生徒たちとの心がつながったことを強く感じました。素晴らしい講演会でした。

研究発表会のプログラムは、次のようでした。（資料参照）

8　「好きでしょった荷物は重くない」――「ニュース21／アイヌ語の辞書を作る」から――

「ニュース21／アイヌ語の辞書を作る」を見ていて、印象に残った萱野さんの言葉がありました。それは、「好きでしょった荷物は重くない」という言葉です。孤独なアイヌ文化研究四〇年の果てに、このような澄み渡った明るい言葉のあることが、私の心に沁みました。『三省堂ぶっくれっと』の文章には、「アイヌぎらいの数年間があったからこそ」とあり、「その昔孤独であった私でしたが」ともあります。

「好きでしょった荷物は重くない。重くない」という言葉を聞いたとき、私は、教師としての自分の仕事のことを考えていました。萱野さんには比すべくもない卑小な私ですが、「その仕事をきらい」「その昔孤独であった」過去がなかったなら出来ない仕事もあるのだと思います。この「船中泊」の旅（北海道五泊六日の宿泊学習）を、私も「好きでしょった荷物」にしたいと思いました。

私たちの「船中泊」の方法論は、《「人」に学ぶ》です。その「人」は、「アイヌの方なら誰でもよい」というわけには行きません。研究発表会のときの講師が、関東ウタリ会の誰でもよいのではなく、北原きよ子氏でなくてはならなかったように、北海道での講師は萱野茂さんでなくてはなりません。私は、生徒たちをぜひとも萱野茂さんに出会わせたいのです。

私は、生徒たちが北海道に行って、その若い柔軟な心にアイヌ民族についての通俗的なイメージを吸収してしまうことを恐れています。それに対抗するには、よほど強力な学習を組織するしかありません。だからこそ、萱野さんにご指導をお願いしたいのです。

萱野さんがアイヌ語辞書の完成にその全精力を傾注しなければならない事情を知っていながらこんなむりなお願いをするのは、全く矛盾した話です。矛盾してはいるのですが、どうしても萱野茂さんにお願いするしかありません。なにとぞ飯富中学校の生徒たちの学習を応援してくださいますよう、お願い申し上げます。

2 第2期「表現制作活動」（2年生1学期・出発まで）

――NHK札幌・宍戸《しど》仁明《まさあき》記者への手紙

（九三年四月二日）／その他――

1 現代を呼吸している「アイヌ民族の文化」

――小学生の「バッタの踊り」と「ヤイユーカラの森」の活動――

新しい年度が始まりました。今日は四月二日（金）です。

学校で仕事をしていると、宍戸さんからの封書が届きました。その「ヤイ・ユーカラの森」

についての沢山の資料を手にして、私たちの「船中泊」の学習が、また新しい世界へと広がっていくのを感じました。

先日、札幌で宍戸さんにお会いしたときに、教育テレビの番組で見た若い人たちのアイヌ民族の踊りの話をしました。その小学生の「バッタの踊り」に、私は、自分のアイヌ文化についてのイメージを激しく揺さぶられました。それは、エカシやフチの語る「古老の世界」や、固定した「伝承の世界」とはまるで違っていました。生き生きと躍動し、現代を呼吸している「アイヌ民族の文化」がここにある、と思いました。そして、「こちらこそアイヌ文化の本来の姿なのではないか」と思いました。

「アイヌ民族の文化」がどんなに素晴らしくても、博物館の展示物は固定されたものであり、そこから命を感じとることには非常な困難を伴います。楽譜は、そのままではまだ音楽ではありません。楽譜が音楽になるためには、生きている人間による「演奏」という再創造活動が不可欠です。それと同じように、「アイヌ民族の文化」も、現代に生きる人間が、そこに命を吹き込んでやらなくては、その本来の姿を現し得ないのだと思います。それが、「ヤイ・ユーカラの森」による追体験・再創造の活動なのでしょう。

団体紹介・「ヤイユーカラの森」

「ヤイユーカラ・アイヌ民族学会」を母体として九一年に発足。「ヤイユーカラ（自ら・

行動する)」の精神を基本に、アイヌと和人が協力して、アイヌ文化の追体験・再創造など種々の活動を展開している。代表・秋辺得平《あきべとくへい》。運営委員長・計良光範《けいらみつのり》。

2、「行事を支える授業」という視点から――表現制作活動の発想――

私たちの「船中泊」学習の第一期は、予想以上の成果を上げて終了しました。この後、第二期には何をやるべきか――。繰り返しは避けねばなりません。調査・研究活動の単なる継続では、生徒たちは、せっかく到達した高みからずるずると滑り落ちるばかりです。第一期の調査・研究活動とはまるで違った方向からの取り組みが必要です。

私は、第二期の活動として「表現・制作活動」を考えていました。しかし、まだその具体的な内容は確定できないままでした。それが現地調査の結果、平取町二風谷の「アイヌ文化博物館」で、学芸員の米田秀喜《よねだひでき》氏から「アイヌの踊り教室」の用意のあることを教えられ、また、貝沢民芸では「木彫教室」も可能だという話を聞きました。さらに、「行事を支える授業」という視点からは、体育科での「アイヌの踊り」の表現活動や、技術家庭科でのマタンプシやテクンペなどの制作活動も可能ではないか、と思い描いていました。

宍戸さんからの資料は、私たちの「表現・制作活動」の構想が、社会性をもった本格的な活動として、「ヤイ・ユーカラの森」によって既に実現していることを教えるものでした。その創設趣意書の文章を読んで、私は、正直なところ驚いてしまいました。私たちが「船中泊」という個別的な企画の中で考えてきたことが、実感ある言葉で明確に語られていたからです。同じ時代の空気を呼吸しているとは、こういうことを言うのでしょうか。私たちの個別的な問題意識は、アイス民族の若い世代の方々の普遍的な問題意識とつながっていたのでした。
宍戸さんには、今回もお忙しい中、貴重な資料をお送りいただき、有難うございました。始業式がすぐそこに近づいてきていますので、早速、「ヤイ・ユーカラの森」への入会手続きを取りたいと思います。そして、もし出来ますなら、宍戸さんのほうからも、事務局の方へお口添えをいただければ幸いです。

追伸
四月から、生徒たちは二年生です。学級編成替えをしますので、新しい学級作りのなかで、「船中泊」の第二期に取り組むことになります。担任も一組竹村照子が転出し、代わって萩谷成子が転入して参りました。第二学年の新スタッフは次のようになります。

二年一組担任　江原　隆一
二年二組担任　萩谷　成子
学年主任　綿引　弘文

新年度も、宍戸さんに色々とご相談したりご援助をお願いすることになると思います。今後ともよろしくお願い申し上げます。

3、優れた「観客」としての役割を期待――ジャーナリストの取材受け入れ――

(1) 平《たいら》しの記者（読売新聞水戸支局）のこと

三月六日の「研究発表会」の際、職員室で「地元の新聞社に連絡を取ってはどうか」ということが話題になった。それも当然と思えるほど、生徒の活動内容は充実していた。しかし、私はこの提案を見送ってもらった。

それは、「研究発表会」の場が異質なもので乱されることを恐れたからだった。生徒たちの一か月間の調査研究活動の濃密さは、もう、父母や北原きよ子氏でなければ受け止め切れないものになっていた。もしそこに記者が入ったなら、その存在そのものが異物であり、生徒たちの集中は、はなはだしく損なわれてしまっただろう。

その後、水戸市教育委員会の紹介で、読売新聞水戸支局の平《たいら》しの記者が取材に見えられた。地域版の「がっこう探検」欄に載せたいという話だった。終わったことの話なら、生徒への直接の影響はない。私は取材を了承した。

このとき、私には「もう大丈夫だ」という自信のようなものが生まれていた。生徒たちは、あの「研究発表会」を乗り切ることで大きく成長していた。新聞に出たことで通俗化される心配はない。彼らは、すでにそれをプラスに転化できるだけの実質を備えていた。

この「がっこう探検」の記事は、四月の末に地域版に掲載された。そして、平記者からは、継続取材と現地への同行取材の申し出があった。

平記者は、入社二年目の女性記者で、折り目正しい方だった。「生徒さんの邪魔にならないように気をつけますから」と丁重に話された。私は、「この人なら、生徒はよい影響を受けるだろう」と思った。そこで、教育学を例に、「マジックミラー越しの観察」と「子どもの中に入り込んでの観察」と、二つの観察法を上げ、ぜひ後者の「参加型」の取材法を取ってほしいと頼んだ。そして、そのためには、生徒と同じように、アイヌ民族の文化について学習しなければダメだ、と注文を付けた。

平記者は、誠実だった。提供した資料を総て読み込み、生徒と同じように、マタンプシ（刺繍入り鉢巻き）作りをし、「アイヌ語会話」のビデオまで見て勉強してくれた。平記者のこうした真摯な取材姿勢は、生徒たちに仕事をする女性についての新鮮なイメージを与えたように思う。

五月二二日には、全国版に「アイヌを学ぶ修学旅行」という平記者の記事が出た。これをきっかけに、あちこちから取材の申し込みが入るようになった。

(2) 宮野《みやの》聡《さとし》記者（札幌テレビ）のこと

札幌テレビの宮野聡記者から電話があったのは、六月の初めだった。札幌テレビでは、月二回のシリーズで「アイヌ民族は、今」という五分間の特集をしている。その番組に、飯富中の宿泊学習を取り上げたいという話だった。宮野記者からは、さっそく「アイヌ民族は、今」の既放送二〇回分のビデオが送られてきた。それは、思いがけない貴重な資料だった。教師も生徒も、それによってアイヌ民族についての知見をいっそう深めることができた。

宮野記者は、現地取材の前に、学校での取材まで企画申請するという熱心さだった。北海道から茨城県の水戸市まで、テレビ局が自分たち四四名の学習活動を取材に来てくれる——。生徒たちがこれを聞いて奮い立たないはずはなかった。

ジャーナリストは、優れた「観客」としての意味をもっている。私は、はっきりと意識していた。斎藤喜博の「公開研究会」では、全国から訪れる「観客」の存在は、重要であった。「観客」は、子どもたちの学習にとって「晴れの舞台」を構成するに必要不可欠な役割を担っていた。

それならば、私たちの《アイヌ民族の文化に学ぶ・「船中泊」の旅》にも、「観客」が必要不可欠ではないか。五泊六日の宿泊学習のために、私たちは準備に準備を重ねてきた。それは、この六日間を「日常を越えた最高の学習の場」として設定したからだった。「船中泊」は、生徒たちに、爆発的な変化を起こさせる「晴れの舞台」なのだった。

スポーツの世界記録は大観衆を前にして生まれ、舞台俳優の名演技は優れた観客を前にして生まれる。同様に、「公開研究会」としてのこの「船中泊」も、優れた「観客」を必要としていた。そして、現代においてその役割を果たせるのは、ジャーナリストの同行取材しかないのだった。

頼んで来てもらえる「観客」ではないだけに、札幌テレビの学校取材は有難かった。六月初旬には、部活動の水戸市総合体育大会があり、生徒たちの関心は部活動に向かっていた。それを六月中旬には、一気に「船中泊」へと切り替える必要があった。札幌テレビの学校取材は、生徒たちを「船中泊」へと集中させる効果を持った。そして、それは、言わば「公開研究会」における「リハーサル」の役目を果たしてくれたのだった。

4、三つの準備活動――新スタッフの協力態勢――

第二期は「表現制作活動」。三人の新スタッフが、それぞれ自分の得意の分野を受け持ち、マタンプシ作り（萩谷成子）、古式舞踊（江原隆一）、ユーカラ暗唱（綿引弘文）と分担することにした。家庭科、体育科、国語科と、担当教科を生かした活動だった。

(1)「アイヌ民族の世界」に誘《いざな》うもの――マタンプシ（鉢巻き）の制作――

マタンプシとは、アイヌ紋様の刺繍をした鉢巻きのこと。北原きよ子氏の講演で本物に触れ

写真6　「綺麗でしょ」(マタンプシの製作)

て以来、生徒たちはマタンプシに憧れを抱《いだ》いていた。私は、何とか生徒たちにマタンプシを作らせたいと思っていた。しかし、どうすればよいのか見当がつかなかった。

それを、鮮やかな手腕で解決してくれたのが、萩谷先生たった。萩谷先生は、四月に転任してきて、いきなり六月下旬の「船中泊」に直面しなければならなかった。それは、どんなに辛く大変な日々だったろう。

萩谷先生は、学年集会での一五分程の説明で、生徒たちにマタンプシ作りを分からせてしまった。あとは、総合体育大会による自習時間を使ってマタンプシ作りは進行し、本人たちも驚くほどの出来映えになった。

紺色の布地に、様々な色糸で刺繍されたマタンプシ。全員が、二風谷アイヌ式の同一紋様だったが、一人一人刺繍の色糸が違い、縫い方が違って、個性あふれる作品に仕上がった。

古式舞踊やユーカラ暗唱は、モノとしての形がない。それに対して、マタンプシは、モノとして自分の手で触り、目で確かめることができる。マタンプシは、生徒たちを「アイヌ民族の世界」に誘《いざな》う「魔法の絨緞」の役目を果たしてくれた。

(2) ビデオから踊りを再現する――古式舞踊の練習――

アイヌ民族の古式舞踊のビデオが入手できたのは、五月一二日だった。「ヤイユーカラの森」の計良光範《けいらみつのり》氏が、「第五回アイヌ民族文化祭」のビデオを速達で送ってくださったのだった。古式舞踊を江原先生に頼んだものの、予定していた資料が届かず、私は絶望的な気持ちになっていた。計良光範氏は、まさに救世主だった。

出発まで、あと一月あまり。マタンプシ制作も、古式舞踊の練習も、ユーカラの暗唱も、成功の保証など全く無い中での、綱渡りのような準備だった。

六月は、部活動の総体の時期である。体育主任の江原先生は多忙を極めていた。そこへ、「チャッピーヤク」「アンナホーレ」「大空のハララキ」「湿原のハララキ」の、四種類の古式舞踊を教えてほしいという注文は、いかに常識はずれで苛酷な要求だったろう。

しかし、江原先生は、体育の時間や自習時間をやりくりして、ついにそれを実現してしまった。六月一七日の、札幌テレビの学校取材の時には、何とか形が整うまでに仕上げてくれたのだった。

練習は、ほとんど生徒のグループ学習だった。四四人が一一人ずつ四班に別れて、繰り返しビデオの古式舞踊を見ては覚えていく。班のノートには、踊りの動きが分析され、アイヌ語の掛け声が片仮名で書き記されていった。

言葉の分からないところがあると、生徒たちは、二風谷アイヌ文化博物館の米田秀喜氏に問い合わせをした。米田氏からは、ファックスで沢山の資料が送られてきた。

(3) 次郎太さんのメロディーを借りて——ユーカラの暗唱——

ユーカラの暗唱は、新しい提案だった。古式舞踊が、アイヌ文化保存会の皆さんとの「踊り教室」で披露されるものとなると、萱野茂氏との出会いの場面でやるものがなくなってしまう。そこで浮かび上がったのが、ユーカラの暗唱だった。

教材には、「ハシナウ神が自ら語った」を選んだ（ハシナウ神は、狩猟を司る神。鳥の形をしている）。
＊　出典　日本民話の会・編集『二風谷の手帳』（国土社）
萱野氏が二二年前に録音したユーカラを、生徒たちが暗唱していって聞いていただく。これなら、暗唱にも必然性が出てくる。

六月七日に、萱野氏に打合せの電話をした。ユーカラの暗唱の話をすると、「そりゃあ、いい。

印刷したの一冊余分なの、私にも持ってきて。一緒に読んであげられるから」「テープもあるかもしれない」という夢のような答えが返ってきた。

テキストは一二ページ、全部朗唱すると約八分かかった。これを、「船中泊」の生活班の一〇班で分担し、リレー式で暗唱することにした。

問題は、メロディーだった。棒暗記ではどうにもならなかった。しかし、テープが届くのを待っていたのでは、暗唱が間に合いそうにない。そのとき思い出したのが、北原きよ子氏の息子さんの次郎太さんが歌っていたユーカラだった。あのメロディーを借りよう。

次郎太さんのユーカラのメロディーでと決まると、生徒たちの暗唱はぐんぐん進んだ。テープは一六日に届いたが、そのままのメロディーで続行させることにした。

メロディーがあれば、意味不明のアイヌ語でも暗唱ができる。これは、発見だった。アイヌ民族にはユーカラを一時間も二時間も暗唱できる人がいるという話が、急に身近に感じられた。私は生徒に、「皆《みん》ながユーカラを暗唱する姿を見ていて、先生は、『古事記』を暗唱していた稗田阿礼と同じ能力が皆にも隠れているのではないかと思いました」という話をした。

5 「イランカラプテ」(こんにちは) ――『萱野茂・アイヌ語会話(初級編)』――

計良光範氏からは、アイヌ語会話のビデオもお借りすることができた。この『萱野茂・アイヌ語会話(初級編)』全四巻(カムイ・トゥラノ協会)の存在は、「滅びゆくアイヌ語」のイメージを粉砕するに十分だった。テキストの奥付には「八七年一二月二五日発行」とあった。それは、「これからが、アイヌ文化の勃興期だと思う」という米田秀喜氏の言葉を思い起こさせた。早速テキストの抜粋を印刷し、ビデオを見ながら、アイヌ語の日常会話を覚えることにした。

笹島　好紀

出会った時は「エ・イワンケ　ヤ?」。これは「あなた、元気ですか」という意味で、元気なときは「ク・イワンケ」と言います。でも、元気じゃない場合はどう言うか分からないので、元気じゃなくても「ク・イワンケ」と言うしかありません。

岡田　朋子

部活とかで「有難うございました」と言うときに「イヤイライケレ」と言ったら、先輩に「なにそれ?」と言われてしまうかもしれませんが、やってみたら面白いんじゃないかなあと思います。こんどチャレンジしてみようと思います。

梶山　清美

「下さい」というのは、「〜エンコレ」と言います。「〜」の部分に日本語を当てはめると、とても面白いです。例えば、「鉛筆　エンコレ」（鉛筆を下さい）というふうに。

写真7　船の上で「ユーカラ」の暗唱

3　第3期「現地体験学習」

1　「課題があるから船酔いしないんだよ」
——教務主任・後藤朝章先生の応援——

出発の日、六月一九日の夜は、雨だった。雨は、翌二〇日の朝まで続いた。デッキに出て、小雨の中で「朝の集い」をした。

朝食後になると、晴れ間も出始めた。揺れは続いていたが、船上での時間は、私たちには貴重だった。午前中は「ユーカラの練習会」、午後は「古式舞踊の練習会」と『沙流《さる》川アイヌ・子どもの遊び（夏）』のビデオ学習と、大事な日程が詰まっていた。

ユーカラも古式舞踊も、まだまだ不十分だった。二風谷で最高の力を発揮するために、懸命の練習を続けねばならなかった。担任が

写真８　船の上で「古式舞踊」の練習

張りついた他に、古平隆校長、教務主任の後藤朝章先生、養護教諭の阿部寿美子先生もデッキに出て、指導に当たってくれた。グループ毎の練習をし、全体での発表会をするという執拗な練習だった。

後で聞くと、同船したA中もB中も、かなりの船酔いが出たということだった。飯富中は、ほとんど船酔いが出なかった。後藤先生は「うちの生徒は、課題があるから船酔いしないんだよ」と語っていた。こういう見方のできる教務主任の存在が、飯富中の強みだった。後藤先生は、企画の段階から一貫してこの「船中泊」の相談役を務めてくれていたのだった。

2 「目頭が熱くなりました」――一組担任・江原隆一先生の通信から――

「現地体験学習」での主峰は、二一日の萱野茂さんとの出会いの場面だった。一組担任の江原隆一先生は、この日のことを、学級通信『コロンブスのひよこ』に次のように書いている。

> 予定通りホテルを出発し、二風谷へ。綿引先生の指導に熱が入り、バスの中では「カムイ・ユーカラ」の暗唱練習を班で競い合いました。物凄かった！
> 二風谷では、札幌テレビの取材がありましたが、テレビカメラを意識しないで活動することができました。博物館での生徒たちは、とても静かに見学していて、「ニュースにならないのではないか」とテレビカメラマンが不安になったそうです。
> しかし、萱野さんと出会ってからは、生徒たちの緊張がとても感じられ、生徒たちは夢中になって「カムイ・ユーカラ」の暗唱を行いました。そして、萱野さんが褒めてくれました。その時、生徒たちは何ともいえない満足した顔でにこにこしていました。
> ところが、生徒たちにとって、さらに緊張することを綿引先生が行いました。予定になかった「古式舞踊」を萱野さんの前で踊るということでした。担任の私は、どうなることかと、ドキドキしながら生徒たちが踊るのをじっと見ていました。
> A班が踊り終わり、B班、C班、D班と、生徒たちの踊る姿を見ながら、目頭が熱くなりました。とても素晴らしい発表でした。

生徒たちは、萱野さんを前に車座になって坐った。そして、ユーカラ「ハシナウ神が自ら語った」を次々に暗唱していった。この場面をビデオを見ると、セミの声が喧《やかま》しく聞こえる。しかし、あの時はセミの声など全く気にならなかった。それ程までに集中していたのだった。

3 「みなさん、ガンバリましたね！ ありがとう！」――萱野茂さんからの賞賛――

生徒たちのユーカラのあと、萱野さんは、お礼にと「セミになった老女」の話を語り、さらに、先ほどのユーカラを本物のメロディーで歌って見せてくださった。終わると、生徒たちの席から拍手が湧いた。

萱野さんからは、賞賛の言葉があった。

> 皆さんは、最初、他の人のを聞いて、習って来たという。それは悪いことではありません。これだけのことをちゃんと覚えたということは、すごい努力です。しかも、書いたものを持つんでなく。
>
> これは、先生が「ガンバレ」と言ってやらせたでしょうし、ガンバッた皆さんも、本当によかったなあと、改めて、「カンバリましたね！ ありがとう！」と、小父さんの方からお礼を言っておきましょう。

写真9　「チレッテ・クッタラ」(横笛)に挑戦(朝日新聞・山本雅彦記者撮影)

発音も、普通、カタカナを読んで、あんなにきれいに発音は出ません。それが、ちゃあんと発音が出ていましたね。

萱野さんは、続けて「この村のアイヌ語教室でも〝皆さんくらい出来る人はいない〟と言ったら地元の人に怒られるから、〝皆さんと同じくらいに出来る人もいます〟と言っておきます」とまで褒めてくださった。

4　「一緒に踊ってみましょう」
——「アイヌ文化保存会」の皆さんと——

再び博物館に会場を移して、踊り教室が始まった。ここでは、保存会の皆さんとの生き生きとした交流が生まれた。

生田目　悦子

「チャッピーヤク」を見せてくれました。私は、この踊りを踊る班でした。始まって、思わず「すごい！」と口にしました。横のステップがとても軽く、腕の動きがはっきりしていました。そして、何と言っても踊っている皆さんの表情がとても生き生きしていて、楽しそうに踊っているのです。もう一つ気付いたのは、動きが速いことです。「そうかあ、あんなふうに踊るのか」と、うなずきながら見ていました。

次は、保存会の皆さんと一緒に踊るところです。私は、少し緊張していたけど、一緒に踊れて嬉しかったです。踊っているとき、すれ違うところで、相手の方がうなずくように目で合図してくれました。その時の皆さんの顔も、嬉しそうでした。「こんなに生き生きと楽しそうに踊る人を見るのは初めてだ」と思いました。

一緒に踊り始めると、溶け込むのはすぐだった。見ていて、目の前の現実が信じられないくらいだった。おそらく、踊っている本人も同じ気持ちだったろう。保存会の人と踊ることで、生徒は一瞬のうちに、より高いレベルの「踊りの世界」に引き上げられた。生徒の楽しさの原因は、それだった。

保存会の古式舞踊を、ただ外側から見ているだけでは、その楽しさを共有することはできない。学校で古式舞踊を練習しながら、あるいは生徒たちは、「何のためにこんな踊りをやって

写真10　保存会の皆さんと「チャッピーヤク」を踊る（朝日新聞・山本雅彦記者撮影）

いるのか」と思ったかもしれない。しかし、もう誰もが理解していた。自分たちは、いつの間にか、アイヌの人々との「踊りの世界」の楽しさを共有するためのパスポートを手にしていたことを。

5　なだらかな丘陵をゆく
――その後の活動の中から――

二風谷の一日が終わった。主峰は登頂された。あとは、なだらかな丘陵を越えていくばかりである。

翌二二日は、「日高少年自然の家」で、アイヌ民具の「糸巻き」作りをした。貝沢民芸から、講師として高野繁広さんと貝沢真紀さんが来てくださった。この様子は、NHKイブニングネットワークで紹介された。

午後は、解放のひととき。幌内丸山へと登

り、途中の山小屋に泊まった。歌を歌い踊りを踊って、楽しい夜を過ごした。

二三日は、「札幌が特別な町になった日」だった。私たちは「札幌班別自由行動」を、アイヌ民族関係諸機関への訪問学習と位置付けていた。生徒たちは、五つのグループに別れて札幌の街へと散っていった。

① ウタリ協会札幌支部・A（多原《たはら》良子《りょうこ》さん・石井《いしい》由治《よしじ》さん）
《アイヌの料理作り・遊び道具作り》

② ウタリ協会札幌支部・B（小川《おがわ》隆吉《りゅうきち》さん）
《札幌市内フィールドワーク》

③ 「ヤイユーカラの森」（計良《けいら》光範《みつのり》さん）
《ムックリ作り》

④ NHK札幌放送局（宍戸《ししど》仁明《まさあき》さん）
《番組作りの話》

⑤ 北海道庁生活福祉部（高橋さん他）
《アイヌ民族のための福祉行政》

どの機関にも、手紙のやりとりをしてきた「人」が、生徒たちを待ってくれていた。ここでも、生徒たちは「人」と結び付くことで、札幌の街の内側に入って学ぶことが出来たのだった。

その夜、大倉山シャンツェから札幌の夜景を眺めたあと、バスは苫小牧港へ向かった。札幌テレビでは、「先住民族を知る旅」と題して飯富中のことが放映されたということだった。

二四日目、帰りの船の中では、「札幌班別自由行動の報告会」を開き、「ホットな感想・萱野茂さんとの出会い」を書いた。

大洗港到着は夜の七時、学校解散は八時二〇分だった。

Ⅵ 「その人の　足跡ふめば　風薫る」
――「俳句の授業」(中3・国語科)――

（一九九四年度実践）

1　新しい「文化」への期待と失望――朝の登校風景から――

(1)　爽やかなカップルの姿

四月の朝の登校風景。その中に一つのカップルを見つけた。

中学校では、朝七時半ごろには、テニス部や野球部など部活動の練習が始まっている。ある日、私が校舎のカギを開けて、職員室でお茶の用意をしていると、二人連れの男女が門を入って来るのが見えた。楽しそうに話をしながら歩いて来る。何という自然な二人の姿だろう。彼らの、周囲の目をヘンに意識しない悪びれない態度に、私は爽やかさを感じた。

次の日も、次の日も、同じ姿が見られた。ある日、少し遅れて出勤すると、畑の中の道にもう一つのカップルを見つけた。自転車通学の女子生徒と、徒歩通学の男子生徒。女の子が、自転車を押しながらにこにこと話しかけている様子が眩しかった。

「ああ、ついに飯富中にも、こんな生徒が現れてきたか」――。私は、心が震えた。中学三年生にもなれば、恋心が生まれるのは当然だし、決まったカップルが出来てくるのも毎年のことだ。しかし、純農村地帯の飯富中では、それは暗黙の了解事項であるに過ぎなかった。今年のように、胸を張った二人の清々しい登校風景は初めてだった。

飯富中に、新しい「文化」が生まれるかもしれない。私は、そう思うと嬉しかった。この学年は、昨年まで学年主任として担当し、《アイヌ民族の文化に学ぶ・北海道の旅》や《「人」に学ぶ「立志」体験学習》などを通して、ともに学んできた生徒たちだった。彼らの中に育ってきた力が、こういう姿になって現れたのだろうか。私は、彼らならこの新しい「文化」の担い手になれるに違いないと確信した。

しかし、それは空しい期待に終わった。ほどなく、学年担当教師の間で協議がもたれ、「生徒指導」が行われて、カップルの姿は消えてしまった。

職員室の中には、賛否両論があった。「禁止するのはかえって不自然ではないか」と主張してくれた教師もいた。だが、カップルを問題視するとなると、流れは自ずと安全策へと行き着いてしまうのだった。その流れを、私はどうすることも出来なかった。

遣る瀬なかった。怒りとも悲しみともつかぬ気持ちだった。職員室政治に無力な自分が、情け無かった。

(2) 授業で「愛」を教えられないか

生徒同士のカップルの姿を目にした時、ある教師は「不安」を感じる。なぜなのだろう。週刊誌的な極端な事例を思い浮かべるからだろうか。

また、ある教師は「年ごろだもの、異性が気になるのは当然でしょ。先生が知らないだけで、陰ではたくさんカップルが生まれてますよ」と生徒に理解を示す。数としてはこのタイプのほうが多いのかもしれない。

では、今この生徒たちに必要なことは、何なのだろう。生徒たちは、自分たちの「恋愛」に憧れる気持ちを「当然」とも思い、また「不安」にも感じている。そういう彼らの気持ちに対して、カップルの「禁止」とか「黙認」とかというのとは違った次元から、応えてやることが出来ないものだろうか。

職員室政治に無力な私に出来ることは、授業だけだ。私は、中学三年生の国語の授業の年間テーマを、「恋愛」(人間にとって「愛」とは何か)として、取り組んでみようと思った。

2 「青あらし」と「薫風」——毎日新聞「余録」を使って——

週に二回、宿題で新聞コラムの学習をさせている。自分で切り抜いて、「①蛍光ペンを引きながら読む ②語句調べ三つ」という、単純きわまる自習システムだ。

94.5.20.

余録

松に吹く風を松籟という。では、イチョウの大木に吹く風を何といえばいいか。きのうの早朝、木々の葉を揺るがす風の音で目が覚めた▲五階建てのアパートより背が高くなったイチョウの大木が身をよじらせ、大声で歌っている。風の息に合わせて大笑いしているようにも見える。向こうのケヤキの木は身のこなしが上品で、楚々とした風情がある。風の音と葉ずれの交響▲あれが「青あらし」というのだろう。青葉のころ、吹きわたる風、万緑ざわめくほどのかなり強い風をいうと歳時記にある。緑の上を渡って、におうように吹くのが薫風。語感としては青あらしよりも弱い。きのうの朝、青あらしが吹き、やがて薫風に変わった▲ギリシャ神話の北風の神、ボレアスは星の神と暁の神との息子だ。ボレアスの子は十二頭の子馬で、馬たちは得意の足にものをいわせて駆け回った。青あらしの最中も、十二頭の子馬たちは盛んに跳びはねていた。乱れる木々の葉が、風にひるがえる子馬のたてがみのように見えた

▲一九八四年から十年間、気象庁が全国の風速の変化を調べたところ、一年を通して変化が最も激しいのは春先から五月ごろにかけてという結果が出た。突風、強風、メイストーム。冬の季節風よりこの時期のほうが不安定度が高い

▲「どうした風の吹き回し?・」と五月の風について気象庁がしゃれた見出しをつけて解説している(「気象」五月号)。羽田孜首相の公共料金年内凍結もどうした風の吹き回しだろう。反動で値上げ幅が大きくなるのが怖い。冬の季節風が吹き荒れねばいいが。

(傍線は筆者)

ある日、「さて、今日のコラムは」と毎日新聞の「余録」（五月二〇日・金）を見ると、「青あらし」という言葉が出ていた。「薫風（風薫る）」と並べて解説してある。歳時記からの引用があるので「青あらし」は季語と知れた。

俳句は、中学三年の六月教材。この記事は俳句単元の伏線（枕）として使えそうだ。さっそく、授業で取り上げて「一ページ感想」を書かせてみた。

安斎宏美

この文章は、いろいろな「自然の言葉」を教えてくれていると思う。この「自然の言葉」を使いながら、木に吹く風の様子、風の吹いている様子などを、うまく表現していると思う。

風でイチョウの木が楽しそうに揺れている表現を、「大声で歌っている」とか「風の息に合わせて大笑いしているように見える」など、こんなふうに「自然の言葉」を分かり易く教えるのに、木を人間のような動作で文章をまとめるのは、とても面白いと思う。

昨日の国語の時間、静かで気持ちのいい風が入ってきた。あれが「薫風」だろうか。もし、あれが「薫風」だったら、「気持ちがよくて眠くなるのも薫風なんだな」と思った。だから、家の犬も、いっつも気持ち良さそうに寝ているのかなぁと思うと、何かおかしかった。

相川みづき

「青あらし」とは、万緑ざわめくほどの強い風のことを言う。それは、私が思うに、山は青くて、その青々とした木々があらされるから、その名がついたのだと思う。

京都へ行ったとき（修学旅行・五月一五日〜一七日）、朝方、強い風が吹いていた。まわりに木々がなかったから、葉のゆれる音は全く聞こえなかったけれど、ビュービューいっていて肌寒かった。朝、みんなで「京都の底冷えだね」と言ったりしたけど、あの風は、きっと「青あらし」だったのだろう。

私は、強い風の日はあまり好きではありません。ゆっくりとした「薫風」が好きです。土曜の午後、山の中の帰り道を一人で歩いていると、いい風が吹いてきて、ぼーっとしてしまいます。何も考えずに、ゆったりとした風の中を歩いていると、眠くなってしまいます。深く考えたことはなかったけど、風は私達の生活の一部だナァと思いました。

この「一ページ感想」を書きながら、生徒たちは、「青あらし」と「薫風」という季語を、自分の実際の体験として感じ取ったようだった。

『合本俳句歳時記』（角川書店）を引いてみた。たくさんの掲載句の中に、正岡子規の「風薫る」の俳句があった。

★その人の　足跡ふめば　風薫る
（正岡子規）

正岡子規に、「その人の　足跡ふめば　風薫る」（正しい表記は「足あと踏めば」）という俳句のあることを初めて知った。この俳句を「国語科・学習予定表」の備考欄に載せた。このとき私は、正岡子規を中心として「俳句の授業」の単元が構成できないかと考えていたのだった。

3　「その人の　足跡ふめば　風薫る」――正岡子規・二六歳の青春句――

(1)「俳句の世界」への回路を作る――俳句単元の目的――

中学校で、近代俳句を学習するのは一回しかない。その一回しかない俳句単元で、何を教えれば良いのだろう。普通には、俳句単元の目的は次の二つだ。

① 俳句の基礎知識（五七五のリズム・季語・切れ字など）を学ぶ
② 近代俳句の名句に触れる（鑑賞文を書く）

二つとも知識的で時間の経過とともに忘れ去られてしまいそうだ。①と②は目的というよりも、もっと大きな別の学習課題に立ち向かわせるための武器とすべきなのではないか。そうした学習をすれば、結果として生徒の中に「俳句っていいものだなあ」という共感が生まれ、「俳句の世界」への回路が作り出されることになる。それが、俳句の授業の目的ではないだろうか。

(2) 俳句＝「ジジむさい」イメージ――子規の写真を見て笑いだす生徒たち――

俳句単元は、生徒たちにとって、けっして魅力あるものではない。教科書の文章（上田五千石「俳句への招き」・光村図書出版）を読んでみても、生徒たちの生々しい感情を受け止めてくれるものとは、到底なり得ていない。それは、俳人や俳壇の常識に適《かな》っているのだろうが、生徒たちの心を動かすには力が弱すぎる。

中学校へ異動して今年で四年。中学三年の「俳句の授業」も、四回目になる。これまでは、一句一句、丁寧に「鑑賞」させて鑑賞文を書かせる授業をしてきた。しかし、それだけでは「俳句の世界」へと生徒たちを誘うことは出来なかった。

俳句単元は、なぜつまらないか。

俳句のイメージは、一言で言えば「ジジむさい」のだ。試みに、教科書や資料集の俳句欄を覗いてみよう。松尾芭蕉も、与謝蕪村も小林一茶も、みんなジイさんばっかりだ。

それは古典だからだろうか。いやいや、「ジジむさい」のは、近代俳句も同じこと。生徒たちは、正岡子規の写真を見て笑いだす。高浜虚子も河東碧梧桐も、高野素十・水原秋桜子・山口誓子も、みんな写真はジイさんなのだ。せっかくの二〇代の俳句作品も、功成り、名を遂げた老齢の写真とともに掲げてあるのでは、その清新さは生徒に伝わらない。また、「わび・さび・かるみ」「写生」「花鳥諷詠」などの解説の言葉も、あの写真と一緒では、新鮮さを感じるのは困難だと思う。

(3) 俳句と作者を切り離せ――「その人の　足跡ふめば　風薫る」の授業から――

生徒たちに、俳句と対面してもらうにはどうすればよいか。その一つの方法として、次のように考えた。

俳句と作者を切り離せ

いかにも乱暴な意見である。しかし、「作者は邪魔」が、現場教師としての私の実感だった。そこで、さきほどの「薫風（風薫る）」の俳句を思い出してみる。

その人の　足跡ふめば　風薫る

この俳句を、作者や時代から解放して、生徒たちに自由に鑑賞させたならどうなるだろうか。これは、一五歳の中学生には、文句無しに「恋愛」の句だ。何の解説の必要もない。この俳句を板書しただけで、頬がほころび、あちこちでひそひそ話が起こった。

その人の　足跡ふめば　風薫る

(「こう読んだだけで、胸がキュンとならないようでは、君は青春してないぞ！」。「恋愛は、中学生の必修科目」「これが分からなかったら、干乾びた人間だよ、君ィ」)。

飯富中の三年生は、二クラスある。

1組（二三名）は、やや大人しい。だから、「その人」を「恋人」とか「好きな人」と言わせたかった。

2組（二二名）は、まるで自由なクラス。「その人」は「好きな人」に決まっている。それだけに、うっかりするとテレビドラマやレディースコミックの世界に流れそうだ。ならば、「憧れの人」「尊敬する人」の路線も入れてやりたいと思った。

簡単に、授業の計画を立ててみた。

発問(1)

「どんな感じがする？」

○　明るい
○　さわやか
○　気分がいい
○　涼しい
○　おだやか
○

これらは、ほとんど「風薫る」という季語からきている。前に読んだ「余録」のことをここでもう一度話題にしよう。

発問(2)

「何色が見える？」

○　みどり（青葉・若葉の色）

○　初夏の花々の色
○　空の色（青空・白い雲）
○

これも「風薫る」から。

「薫風」は、「青葉の上を匂うように吹く初夏の風」である。当然、「みどり」とすぐ出るが、初夏の「みどり」は一色ではない、「黄みどり」もあれば「青みどり」もあるだろう。中には、目立たない花の色も混じっているかもしれない。

そして、天気は快晴。天気のことは「5・7・5」に何も書いてないけれど、「風薫る」とある以上、気持ちよく晴れた青空だ。

発問(3)

「〈足跡〉が付くのはどんな所？」

○　土（柔らかい土・湿った土）
○　砂浜
○　草はら

○ 雪（季節が合いませんが）
○

この発問には、問題が多い。混乱のもと。

中学三年生なら、「足跡」をまず比喩として捉えるのが普通だ。そして、それが「正解」だろう。「足跡」は、「その人」が「歩いたところ」「通ったところ」の意味だ。

しかし、私は、もっと即物的なところから始めたかった。この俳句には、「その人」の「足跡」そのものに「自分の足を重ね合わせる」という、強烈な実感がある。「その人」の「足跡」に、自分の足を重ね合わせることで、作者は「その人」との一体感を味わい、心が満たされる思いを味わっているのではないか。

たとえ正解は「歩いたところ」という比喩でも、生徒には「足跡」の原イメージを感じ取ってもらいたかった。いとも簡単に「その人の通ったところを、自分も歩いていくと」、というふうに捉えてほしくなかった。

私は、「踏めば」という言葉には、即物的具体的なイメージがあるように思う。たとえ、そこに「足跡」の形は残っていなくても、この作者は足の裏に「その人」を実感しているのだと思う。

発問(4)

「《その人》ってどんな人?」

○好きな人
○恋人
○大切な人・大事な人
○憧れの人
○尊敬する人

――「鑑賞」って何?「根拠のある想像」だよね。書いてある言葉の中に「根拠のある想像」をすることだよね。

その人の　足跡ふめば　風薫る

――「その人」の足跡を踏むと、薫風が吹いてとてもいい気持ちだった、というんでしょう。「風薫る」には、プラスイメージがある。だから「その人」は、嫌な人では有り得ない。

――「その人」というのは、いろいろに想像していい。様々な場面が考えられますよ。それを書いてくださいね。

加倉井留美（2組）

私は、「その人」がよく歩いていたところを、何年か後になって、昔のことを思い出しながら歩いている姿が浮かびます。「その人」とは、とっても憧れている人で、昔は手が届かないようなところにいた人だと思います。

道の近くには、大きな昔からあった木があって、その道を一歩一歩踏みしめるたび、風で葉がさらさら鳴るような気がします。色はちょっと涼しい水色で、悲しい感じです。どうして悲しいかというと、昔は手の届かないところにいた人だったからその道が通れなかったけれど、今はどうどうと道を通ることができるので、なんだか懐かしくて悲しい思いになるからです。

人それぞれ考え方がちがうと思うけれど、私は自分なりに、この考えはいいんじゃないかなと思いました。

この作者が、どんな思いで書いたのか知りたいです。そして、この俳句の本当の良さが分かるといいなと思いました。

加倉井留美は、私の予想に反して「悲しい感じ」がすると発言した。授業でこう言われた時、私にはその意味がよく摑めなかった。「でも、《風薫る》はプラスだよね」と応じるのが精一杯だった。しかし、級友たちは何かを直感したらしく、この発言は他の生徒の感想に大きな影響を与えた。

後で考えてみると、この生徒は、「その人の足跡ふめば」に「悲しい感じ」を見つけているのだった。「その人の足跡ふめば」は、「その時その場所に一緒にいられない」ということだ。そこから「悲しい感じ」が生まれる。私は、生徒に教えられた思いがした。

小圷久美子（2組）

私は、まず初めに思った感じ（イメージ）は、この作者は「その人」のことを深く想っていて、その色のイメージは、加藤可奈実さんと同じで「さくら色」（若々しさ・初々しさ・新鮮さ）のイメージを持ちました。

「風薫る」が無かったなら、私は「卒業式」というイメージを持っていたと思います。「大事な先輩」＝「大切な人」または「好きな人」とかを失って、悲しく寂しい感じがしました。

でも、「風薫る」ですから、なんか暖かい感じで、「その人」のことを思うと心がポカポカして、うれしい感じがするのではないかな、と思いました。

「風薫る」という一言で、「悲しい気持ち」から「うれしい気持ち」に変わるので、「おぉ」とびっくりしました。

発問⑵は、俳句の中にある「具体的な色」を聞いたのだった。ところが、生徒の中にはそれを「イメージとしての色」と受け止めた子もいて戸惑わされた。その「さくら色」という答えに対して、「若々しさ・初々しさ・新鮮さ?」といった言葉で問い返すと、やっと頷いてくれた。

相川みづき（2組）
私は、この俳句を読んだとき、「ため息の出るような安心感のある俳句だなあ」と思いました。最初、季節は春で、桜の花が散っているような気がしました。けれど「風薫る」。季節は初夏のようです。
「足跡」と聞いて、私は土の色（茶色）が思い浮かびました。少ししめった土で、深い足跡ではなく浅い足跡のような……。
「その人」とは、「自分の好きな人」という感じもしましたが、よく考えてみると、学校とかでお世話になった先生とかの気もします。とても尊敬している人で、その人のうしろにいるとホッとするような、そんな人であるような気がします。

草原にいるような気もするし、家の近くで、帰り道を歩いているのかもしれない。この俳句は、白い風がスーッと吹いてくるような感じもしました。

この俳句を、「ため息の出るような安心感のある俳句だなあ」と受け止めるとは、何という豊かな感性だろう。一五歳の恋愛感情には、こういう側面があるのだろう。また、「自分の好きな人」と「とても尊敬している人」とは、繋がるものとも言える。そして、「その人の後ろにいるとホッとするような」人を、この生徒は一つの「憧れの人」としてイメージしているのではないだろうか。

美山静江（1組）

「風薫る」というところから、「穏やかで、ほんとによい天気なんだな」ということが想像できます。

「その人」というのは、「自分にとって一番大事に想っている人」で、「その人の足跡」を、一歩一歩ふんでいくだけで、とても幸せな気持ちになれるんだなと思いました。

「足跡」の付くところといったら、「やわらかい土」とか「しめった土」とかいろいろ想像できますが、私は「砂浜」を想像しました。

空も海も青くて広い。そんな、地球で一番広くて大きな場所で、一番大事に想っている人を考えながら、同じ道をたどっていく………。なんか自分で勝手な想像をしてしまいましたが。
この俳句は、とてもやさしい気持ちになれる俳句だと思います。

こんな感想を読むと、楽しくなってくる。俳句によって、「恋愛」をこんなふうに明るく肯定的にイメージできることを、有り難いと思わざるを得なかった。

この授業は、《小課題から中課題、そして大課題へ》という展開ではない。授業に不可欠な条件である《対立と葛藤》も、一斉授業（話し合い）の中では明確に出ていない。いくつかの発問で、生徒たちに働きかけて意見を出させ、それをあまり纏めないままに鑑賞文に入っていった。

私は、「愛（恋愛）」について語り合える授業をしたかった。そういう「教室」を実現したいと願っていた。これで十分とはとても言えないが、その目標の何ほどかは達成できたかと思う。

(4) 先回り・授業者の自己弁護——「その人」とは松尾芭蕉——

俳句に詳しい人は、この授業に怒りを覚えるかもしれない。正岡子規にとって「その人」とは、とうぜん松尾芭蕉でしかありえないからだ。

その人の　足跡ふめば　風薫る

全集は、この時点では未見だった。中公文庫の『日本の詩歌3　正岡子規・伊藤左千夫・高浜虚子・河東碧梧桐』を参照した。それによると、この俳句は、正岡子規二六歳の青春句である。加藤楸邨による脚注を適当にまとめてみよう。


（P16～17）

明治二六年七月一九日、奥羽行脚の旅に発ち、「奥の細道」の跡を辿る。八月二〇日帰京。『日本』に「はてしらずの記」二一回を連載。

「とにかく二百余年の昔、芭蕉翁のさまよひしあと慕ひ行けば、いづこか名所古跡ならざらん。その足はこの道を踏みけん、その目はこの景をも眺めんと思ふさへ、ただその代のことのみ偲ばれて、面影は眼前に彷彿たり。

その人の　足あと踏めば　風薫る」


今年の一月九日に、ＮＨＫスペシャルで放送された《新藤兼人が読む・正岡子規の『病牀六尺』》にも、この俳句が出てきた。テレビでは、正岡子規が鳥海山の見える海岸をひたすら歩いて行くシーンだった。それが、時代考証のしっかりとした根拠のあるシーンなのか、それとも新藤兼人の文学的な想像によるシーンなのか、私には分からない。しかし、授業でこんな文学史的説明をしていたら、生徒たちは居眠りを始めてしまったことだろう。

4 「愛」という言葉が使えますか？
――ビデオ《新藤兼人が読む・正岡子規の『病牀六尺』》――

(1) 正岡子規の「人」に学ぶ――普遍的な「愛」の世界へ――

正岡子規は、「俳句の世界」への回路を作るのに最もふさわしい俳人と言えるだろう。俳句をバラバラに教えても、生徒の心には中々届かない。追求に値する俳人を選び、《「人」に学ぶ》という方法を採った時に初めて、生々しい感情とともに、「俳句の世界」が理解できるのだ。

ビデオ《新藤兼人が読む・正岡子規の『病牀六尺』》は、そのためには絶好の教材だった。「その人の　足跡ふめば　風薫る」で学んだ世界が、このビデオによって、普遍的な「愛」の世界へと構造化できそうに思えた。

(2)「レジュメ兼メモ用紙」を用意——ビデオを見せるための手だて——

ビデオを見せるに際しては、次のような手だてをとった。

① 正岡子規について解説する。
② 七五分のドラマを三回に分けて授業する。
③ 一回ごとに「ビデオ一ページ感想」(小論文)を書く。
④ 一回ごとに「レジュメ兼メモ用紙」を用意する(番組に出てくる短歌と俳句を記載)。
⑤ まとめの作文として、「新藤兼人監督への手紙」(原稿用紙四枚)を書く。

④の「レジュメ兼メモ用紙」は、番組に出て来る短歌と俳句を記載しただけの簡単なものだが、生徒たちが、安心してドラマの映像に注目できる点で効果的だった。また、感想も、このプリントを見ながら書けば、ドラマの展開にしたがって自然に書けてしまうので、作文の苦手な生徒に喜ばれた。

(3)「様々な愛のかたち」——「恋愛」は文学のメインテーマ——

正岡子規についての解説の後、第一回のビデオを見た。そして、感想文にとりかかる前に、私は、「愛」と大きく板書した。生徒たちは、下を向いたり、隣同士で顔を見合わせたりしながら、困ったような表情をした。私は、それにかまわずに続けた。

――「愛」って何だろう？　どう思いますか。普通には、「その人を大切に思う気持ち」と、こう言えばいいね。

次に、「様々な愛のかたち」と板書。そして、その脇に、どんどん「愛の種類」を書いていった。

様々な愛のかたち
＊　恋愛＝男女の愛
＊　親子の愛（子規と母・八重）
＊　兄妹愛（子規と妹・律）
＊　友愛（子規と夏目漱石）
＊　師弟愛（子規とお弟子さんたち）

人は笑うかも知れないが、たったこれだけのことで、生徒たちの表情は明るくなってきたのだった。私は、確かな手応えを感じた。

生徒たちは、テレビドラマやコミックや歌謡曲の歌詞から「愛」という言葉を学び、また、自分の「漠然とした憧れの気持ち」を、躊躇いながら「愛」と呼んでいる。そういう個別的な恋愛感情は、どうしても照れ臭さを伴う。

しかし、それが、板書のように「様々な愛のかたち」として位置づけられると、不思議に先ほどまでの照れ臭さが消えていくのだった。それは、個別的な恋愛が、普遍的な「愛」の世界へと繋がれたことで、日常的な感情を脱却できたからだろう。

――「愛」にも、「様々な愛のかたち」があります。まず「恋愛」。これは「男女の愛」だね。それから「親子の愛」。子規と母親の八重の関係がこれです。そして「兄弟愛」という言葉もある。ドラマでも、妹の律が子規の世話をしていたでしょう。「兄の子規を大切に思う気持ち」だよ。

それから「友愛」。「友情」のことを「友愛」とも言います。「友達を大切に思う気持ち」だね。夏目漱石と子規は、親友だった。ロンドンに留学する漱石が、子規に会いにきていたね。最後に「師弟愛」。子規には沢山のお弟子さんがいた。師匠（先生）と弟子（生徒）との間にも、お互いを「大切に思う気持ち」がある。

――普通に「愛」と言えば、「恋愛」＝「男女の愛」ですね。小説とか詩歌とか、文学作品の大半は「恋愛」がテーマになっています。どうして？　それは、「恋愛」をしているとき、「人間の感情」がもっとも激しく揺り動かされるからでしょう。「人間の感情」を問題にするのが、文学だよね。だもン、「恋愛」が分からなければ、文学は分かりませんよ。

生徒たちは、「愛」という言葉を、自分の言葉としてストレートに使うことができないでいる。彼らの日常の世界では、「愛（恋愛）」という言葉には卑俗なイメージが纏わりついていて、どうにも扱いかねるのだ。そういう状況を、私は変えてやりたかった。

(4)「俳句への愛」という指摘――「その1」の感想から――

ビデオ「その1」の感想を読むと、生徒たちがこのドラマにぐんぐんと引き込まれていく様子が窺われた。引用される俳句への反応もよい。

梶山清美（1組）

……、このビデオの中で一番気に入ったのは、子規のお母さんも褒めていた、

涼しさうな　処を選《よ》って　行きたまへ

です。なぜならば、この俳句のことを話している子規が、いつも布団に寝ている時と違うように見えたからです。

お母さんと一緒に、楽しそうに、「そこが僕の良い所だよ」とか、明るく話している所は、その前や後の「痛い、痛い」と痛さを口に出している時とは、まったく違った顔をしていました。……。

「涼しさうな　処を選って　行きたまへ」は、炎天下を帰る見舞い客を思いやる句。その一方で、夏目漱石が、嫂《あによめ》の死に際して詠んだ句、

何事ぞ　手向けし花に　狂ふ蝶

を取り上げた生徒が何人かいた。この感想は、意識的に次回の資料プリントに載せて紹介した。それは、授業でこういう句への感想を書いてもよいのだということを、書いた本人や他の生徒に教えるためだった。

加藤可奈美（2組）

……。漱石の「何事ぞ　手向けし花に　狂ふ蝶」が、子規は何か引っかかっていたらしく、子規は「慟哭している漱石」と言っていた。その俳句の「狂ふ蝶」が漱石だったとしたら、漱石は奥さんでない女の人と何かあったのだと思う。そのことを心配して、子規は問いつめた。

……。

鯉渕　明子（1組）

……。夏目漱石の詠んだ俳句では、ビデオの中でも、「慟哭している」と言っていた「何事ぞ　手向けし花に　狂ふ蝶」は、血が熱くなるような思いがしました。不倫していた恋人の死――。どういう感じかは私にはよく分からないけれど、すごく複雑だと思います。……。

「不倫」というような言葉も、中学三年生なら使えなくてはならない。ただ、その使い方を、ワイドショー番組で学ぶのと、新藤兼人のドラマで夏目漱石の俳句を通して学ぶのとでは、大きな違いが出てくると思う。

私は、ビデオの感想に「様々な愛のかたち」という言葉で方向づけをした。それに対して、「俳句への愛」という観点を出してきた生徒がいたのには、驚きを感じた。

稲野邊幸恵（1組）

私は、国語の授業で初めて正岡子規という名前を聞いたとき、「そういえば、歴史で出てきたなあ」と思ったぐらいで、私の中の正岡子規の存在はあまり大きくありませんでした。しかし、授業を重ねていくうちに、その存在が大きくなっていくのを感じました。

そして、今日の授業で、また一つ正岡子規に対する私の考えが大きくなりました。それはどんな所かというと、正岡子規の「俳句への思い」というか「文学への思い」についてです。

子規は、二一才から結核にかかり、長い間それと闘いながらも「俳句・短歌」を書き続けました。……、子規がどれほど文学を愛していたかということが、ひしひしと伝わってきました。

「愛していた」というのは少しオーバーかも知れませんが、私が思うに、子規は母や妹や漱石を思う気持ちと同じように、俳句を思っていたと思います。だから、何年も付き合ってこれたし、心のこもった作品が書けたのだと思います。

私がビデオの中で一番それを感じたのは、

涼しさうな　処を選《よ》って　行きたまへ

という所からです。私は、子規が、暑い中、自分のお見舞いに来てくれた人への思いを、自分の愛した文学だから、それを的確に表現できたように思えたからです。……。

（傍線は引用者。以下同じ）

私は、生徒の「感情の解放」に性急であったように思う。稲野邊幸恵は、そんな私に、もっと広い観点を提示してくれたのだった。これは、後半の授業を推し進めていく原動力になった。

(5) 具体的な場面での鑑賞――「その2」の感想から――

本を読んでいて、自分の知っている短歌や俳句が出てくると、なぜか嬉しくなる。昔の友達に再会したような、懐かしい気持ちがする。そしてそれは、この『病牀六尺』のドラマでも同じことだと思った。実際、私自身が、次々と引用されてくる既知の短歌や俳句に出合うたびに、心を動かされるのだった。それならば、生徒にもそういう楽しさを用意しておきたい。

「その2」には、

その人の　足跡ふめば　風薫る

が登場してくる。また、

真砂《まさご》なす　数《かず》無き星の　その中に
吾に向かひて　光る星あり

という短歌も出てくる。この短歌は、生徒にさらりと分かるとは思えなかった。そこで、正岡子規の解説のところで、簡単な鑑賞の授業を入れておいた。

二つとも、授業では、作者や時代から「自由な鑑賞」をした。それが、このビデオの中では、歴史的な個別的な場面として提出されてくる。私は、「自由な鑑賞」の体験があるからこそ、個別的な場面での「具体的な鑑賞」が豊かなものになるのだと思った。

相川みづき（2組）

その人の　足跡ふめば　風薫る

これは、子規が詠んだ句でした。私は「尊敬している人やお世話になった先生かな」と想像していましたが、それに近いものがありました。

子規は芭蕉をとても尊敬していて、「古池や　蛙飛び込む　水の音」を読んで、俳句の道を志したそうです。その芭蕉の歩いた道を、子規は一歩一歩踏みしめるように歩いていました。

子規は、どう思いながらあの道を歩いていたのか。自分もこれからだ。いっぱいいい句をつくるぞ」っと決意していたのなら、なおさら子規の病気はかわいそうだと思いました。
そして、私が「あれっ」と思ったのは、「風薫る」の部分です。私は「初夏で草原かな」と思っていましたが、海でした。その「風」とは、海に吹く潮風みたいでした。少ししょっぱいような潮の匂いを感じながら、子規はこの句を詠んだのかもしれません。……。

加倉井留美（2組）
（子規が）ふとんに入りながら考えた、

真砂《まさご》なす　数《かず》無き星の　その中に
吾に向かひて　光る星あり

は、（前から）素晴らしい短歌だ思っていたけど、子規が病気の自分に対しての励ましの言葉だと分かって、もっと「すごいなあ」と思いました。病気でいつかは死ななければならないと分かっていても、「自分だけに光ってくれる星がある、人生はまだまだあるんだ」と自分に言い聞かせて、強く生きているんだなあと、感心しました。……。

ドラマでは、深夜、病床の子規が、ガラス戸越しに星空を見上げ、叫ぶようにしてこの歌を歌っていた。その星空には、一つの星が強く光り輝いていた。そして、子規の声に気づいて起きだしてきた八重と律が、廊下からそっと子規の様子を見守っているのだった。

(6)「病床を　三里離れて　土筆《つくし》とり」――「その3」の感想から――

昨年の、北海道五泊六日の宿泊学習でのこと。最終日のフェリーの甲板で、他の中学校の男子生徒から、写真撮影を申し込まれた女子生徒がいた。周囲の目が、その女子生徒に集中した。「よし、受けて立て!」――、私は祈った。暫しの躊躇いの後、その女子生徒は撮影を諒解した。シャッターが切られ、男子生徒は礼を言って立ち去った。

その瞬間、周りを取り囲んでいた飯富中男子生徒たちの間から、拍手が湧き起こった。私は、「何という素晴らしい生徒たちだろう」と思った。この突然の事態に、見事な対応を見せた生徒たちに、私は感嘆するばかりだった。

この時、周囲の生徒たちの心には、様々な思いが駆け巡っていたに違いない。しかし、からかいや妬《ねた》みや冷やかしの声は一切上がらなかった。それどころか、飯富中の男子生徒たちは、「拍手」という方法をもって、その女子生徒を爽やかに護ったのだった。

デリカシーとは、こういうことなのだと思う。正岡子規のドラマを見せるのは、こうした繊細な心遣いを教えることでもある。ドラマも三回目になると、いよいよ子規や八重や律への共感が深まっていくようだった。

村沢　明美（1組）

……。第三回目のビデオを見て、私はとても嬉しかったことが一つあります。それは、子規が律への俳句を作ったということです。土筆を摘みにいった律に、「いつもお世話になっている」という気持ちがこもったとても良い俳句でした（「看病や　土筆摘むのも何年め」「病床を　三里離れて　土筆とり」）。やっぱり子規は、普段、律に対して冷たい態度をとっていても、本当は、律への愛は、母への愛と同じ位あったんだと思いました。また、律がいないところで、「再婚させてあげたい」と言っていた子規を見て、本当に素晴らしい妹への愛だと思いました。………。

柏　るみ子（1組）

……。でも、律は、子規が死んだとき、母と漱石の話を聞いているのかいないのか、ピクリとも動かずに、ただ一点をボーッと見つめているだけでした。そして、目には涙が浮かんでいる所が、「生きているときには、冗談半分でからかいあったり、ちょっと意地悪なことを言ってみたりしていたのに、突然いなくなってしまって、心にポッカリと穴が空いてしまった」と言っているように感じられました。……。

子規の墓の隣に八重の墓がありましたが、私は、律はどうしているのか不思議に思いました。松山に帰ったのか、それとも今は誰もいない家に一人で住んでいるのか。

このビデオでは、正岡子規を木場勝己が、母・八重を渡辺美佐子、妹・律を墨田ユキが演じていた。テレビドラマの世界が、事実そのままということは有り得ない。脚色と演出があってこそのドラマである。

もし、子規の生活をそのまま描けば、ドラマは陰惨で深刻なものになる。それを避けるために、新藤兼人の脚本は、随所にユーモラスな場面を織り込み、中でも子規と律とのやりとりを軽妙なものとして一貫させている。

墨田ユキは妹・律の役を好演、ともすれば暗くなりがちな画面を明るく輝かせていた。それだけに、特に女子生徒は、律に心を寄せながらビデオを見ていた。それが、生徒たちに、律を詠んだ俳句を喜ばせたり、律の墓のないことを心配させたりしたようだった。

5 「アメリカの　波打ちよする　霞かな」

――正岡子規『水戸紀行』（二二歳）の紹介――

(1) 正岡子規は水戸にも来ていた――『正岡子規全集』での発見――

正岡子規には、全二五巻の行き届いた全集がある。そのことは、司馬遼太郎の『ひとびとの跫音《あしおと》』から教えられていた。そこで、授業の合間をぬって水戸市立西部図書館に出かけ、『正岡子規全集』（講談社）に当たってみた。

「その人の　足跡ふめば　風薫る」の出典『はて知らずの記』は、第一三巻の「小説・紀行」編にあった。目次を開いて見ると、『水戸紀行』という名前が目に飛び込んできた。正岡子規は水戸にも来ていたのか！　昴る気持ちを押さえながら、ページを繰っていくと、思いがけない明治の事実が次々に現れてきた。

水戸では、上市《うわいち》・下市《しもいち》、千波沼、常磐神社、菊池謙二郎、弘道館など、お馴染みの固有名詞が現れる。水戸の著名人・菊池謙二郎が子規の同級生とは知らなかった。子規は、菊池謙二郎（後年、水戸中学の校長。生徒が校長を慕って辞職阻止のストライキを起こしたことで有名）宅を訪問し、父親の歓待ぶりに「質朴淳良の風」を感じ取っている。

『水戸紀行』は、明治二二年＝正岡子規二二歳の作品。読みにくい文語文ながら、明治初年のエリート大学生の稚気が横溢していて楽しい。

例えば、四月六日、子規は川船を雇って那珂川を水戸から那珂湊まで下っている。その時、子規は生まれて初めて川船の漕船に挑戦する。

……、船頭に「少し櫂《かい》を貸してくれんや、漕ぎてみん」と言へば、船頭は喜びて座を余にゆづりぬ。……。輿に乗じて夢中に漕ぐ。しばらくして気が付いて船の位置を見るに、まっすぐには来たらで、斜めに斜めに進めり。「これは」と思ふうちに、はや向ふの岸に突き当てんとす。……。

（表記を多少改変）

正岡子規は、運動神経はあまり良くなかったらしい。それより、この日、那珂川の寒い川風に長時間吹かれたことが、子規の肺結核悪化の原因になったとあったのには、痛ましい思いがした。

(2)「アメリカの　波打ちよする　霞かな」――明治は「時代が青春」――

ビデオを見せて、感想を書かせるだけでは、授業は停滞してしまう。何よりも、教師自身が新鮮な気持ちでビデオを見た感想を語り、生徒の感想を受け止めてやらなくてはならない。と同時に、正岡子規とその周囲の人々について、折りに触れて的確な解説を入れ、明治という時代を彷彿とさせてやらねばならない。『水戸紀行』の発見は、そのための絶好の資料となった。

――明治と聞いて、皆さん、どんなイメージを持ちますか。何となく「古臭い」感じがしませんか？　ところが、本当は、明治って新しいんですよ。だって、明治維新で社会は全部ご破算でしょ。大臣だって三〇歳台が大半だなんて、今と較べてみてください。

明治の指導者は、みな若いのが特徴です。子規は、そういう時代の東京帝国大学の学生です。正岡子規の『水戸紀行』の話はこの前しました。そしたら、積田真一君が「子規が水戸で詠んだ俳句を知りたい」と感想に書いてきました。それで、先生も急いで調べてみたんですが、残念ながら水戸の句は見つからなかった（補記…偕楽園での詠句に「崖急に　梅ことごとく　斜めなり」がある）。でもね、大洗での句なら『水戸紀行』の中に出てくるんです。書いてみるよ。

アメリカの　波打ちよする　霞かな

どうです？　これ、そんなにいい俳句じゃないよね。でも、先生はこの俳句を読んで、「ああ、明治だなァ」って思ったの。

皆さんは、大洗の海を見た時、何を思い浮かべます？　先生なんか、「このずっと沖の方に漁船がいて漁をしてるのかなあ」とか、「去年は大洗からフェリーに乗って北海道に行ったっけなあ」と「船中泊」のことを思い出すとか、そんな程度です。

じゃあ、子規は何を思い浮かべたか。何と「アメリカ」ですよ。子規は、大洗の海の向こうに「アメリカ」を見ているんです。

アメリカの　波打ちよする　霞かな

「この波は、アメリカから打ち寄せて来るんだなァ、遠くはぼうっと霞んでいるよ」というんでしょ。「ああ、明治だなァー」――。ある意味で、明治は今よりも外国がすぐそこにあった。子規の時代は、大学の教科書は外国語ですよ。そして、先生も外国人教師が外国語で講義したりする。

子規の同級生・夏目漱石の例を見ても分かるように、外国人教師に教わった子規たちの世代が、外国に留学して、帰って来ると、今度はやっと日本人の大学教師が生まれるわけです。明治は、何もかもが新しい。明治は「時代が青春」なんです。そんな時代だから、子規は大洗の海を見て「アメリカ」を連想するんですね。

6　新藤兼人監督への手紙――三つの感想を新しい視点で再構成する――

(1)　正岡子規の中に自分を見いだす――新藤兼人にドラマを作らせたもの――

『全集』で『はて知らずの記』を調べた結果、「その人の　足跡ふめば　風薫る」の句がどこで詠まれたものかはすぐに判明した。七月二三日の件に、福島県郡山から本宮《もとみや》まで汽車に乗り、そこから徒歩で田舎道を行ったとある（「ここより徒歩にて田舎道辿り行けば　山に沿ひ田に臨みて地閑静なり」）。

その人の　足跡踏めば　風薫る

この句は、歴史的事実としては、本宮《もとみや》の田園風景を背景としている。新藤兼人が描いたように、正岡子規が、鳥海山（山形県）を見上げながら日本海の吹浦の海岸を歩くのは、八月一〇日になってからである。

しかし、こんな詮索は、授業では取り上げなかった。ビデオは、正岡子規三五歳の生涯を七五分のドラマに作品化したもの。一つのシーンに幾つもの歴史的事実を再構成したり、複雑な事実を単純化して表現したりしなければ、作品として成り立たない。

生徒に強調したのは、このドラマが、新藤兼人によって脚色されたドラマだということだった。正岡子規の一生と膨大な著作を素材にして、新藤兼人が、自分の人間を通して見た正岡子規像を描いているのである。そこにこそ、このドラマの価値がある。

新藤兼人は、なぜ正岡子規のドラマを作ったのか。それは、新藤兼人が、正岡子規の一生の中に自分の姿を見いだしたからではないのか。母親によって支えられ、妹によって支えられ、夏目漱石によって支えられ、また多くの弟子たちによって支えられていた正岡子規。このドラマを見れば、どうしても、子規を支えた様々の「愛」の存在を感じないではいられない。

その人の　足跡ふめば　風薫る

正岡子規にとって、「その人」とは松尾芭蕉だった。話は微妙だが、新藤兼人にとっては、正岡子規が「その人」なのではないだろうか。子規のドラマを作ることは、子規「その人の足跡」を踏みしめていくことである。新藤兼人の中には、そうすることで初めて心満たされるものがあったのではなかろうか。

(2)　新藤兼人監督への手紙――新しい視点でこそ新しい作文が書ける――

「愛」をテーマとして、長丁場の「俳句の授業」を続けてきた。まとめとして、原稿用紙四枚の作文を課した。題名は《新藤兼人監督への手紙――ドラマ「正岡子規の『病牀六尺』」を見て――》とした。

生徒たちには、「三つの感想を再構成すればそれでいいよ」と説明した。しかし、「新藤兼人監督への手紙」という新しい視点が示されると、自ずと新しい文章になる生徒もいた。

加倉井留美（2組）

…………。私は、

真砂《まさご》なす　数《かず》無き星の　その中に
吾に向かひて　光る星あり

が好きです。子規が、自分に対して励ましの言葉を送っているように思えるからです。私は、この短歌を知ってから、よく夜空を見るようになりました。そして、私だけに光ってくれている星はどれだろうと探しています。しかし、「これだ！」と思う星は、なかなか見つかりません。もしかしたら子規も、（自分を）励ましていてもなかなか光る星が見つからなくて落ち込んでしまっていたかもしれません。なんだか悲しいです。…………。

稲野邊幸恵（１組）

……。私が、私の知っている限りの子規の俳句の中で一番好きなのは、

たらちねの　花見の留守や　時計見る

です。なぜこの作品が一番好きかというと、この俳句には、いつもの子規とは少し違った感情が現れているからです。いつもの子規は、どちらかというと頑固者のアマノジャクですが、この作品には、「はやくお母さんが家に帰ってこないかナ」という素直な気持ちが、

そのまま書いてあります。

どうして素直な気持ちがそんなにいいかというと、私は子規についてある事を気づいたからです。それは、「子規は自分の思った気持ちを口で表現するのはあまりうまくなかったのでは?」ということです。……。

しかし、そんな子規を助けてくれたのが俳句だったと私は考えました。自分の思ったことを、ストレートに俳句という形を使って表していたと思います。そんな子規の俳句、

たらちねの　花見の留守や　時計見る

は、「子規の素直さが出ているから好き」と思いました。……。

柏　るみ子(1組)

……。

その人の　足跡ふめば　風薫る

この句を聞くと、「好きな人」というイメージが出てきます。子規の「その人」は芭蕉

だったということがビックリしました。

芭蕉は、子規の「憧れの人」でした。でも私は、「憧れ」＝「好き」だと思います。だから、芭蕉は子規の「心の恋人」のような気がしました。

「足跡ふめば」は、「本当の足跡をふむ」とか「その人の通った跡を歩く」とかありますが、私は「同じことをする」だと思います。芭蕉に憧れ、その芭蕉と同じ俳句を作る俳人になりたい、芭蕉のように人の心に焼きつくような俳句を作りたいと、子規は思ったんじゃないかと思いました。……。


新藤兼人に導かれて、生徒たちはすっかり正岡子規の世界に浸りきっている。そして、芸術創造の機微をも感じ取っているようだ。

(3)「人間というものは　誰かの愛に支えられてこそ　生きることができるのだ」
――新藤兼人監督からの手紙――

新藤兼人監督宛に、授業記録と何人かの生徒の「手紙」を投函したのは、夏休みも終わろうとする八月二七日だった。それへの返信が、九月一日、二学期の始業式をしている間に届いていた。升目から食み出さんばかりの、大きく力強い文字。それでいて、文面は、生徒たちの学習に正面から応える繊細で行き届いた内容のものだった。

前略

「新藤兼人監督への手紙」、ありがとうございました。

生徒たちの感想の正確なのにおどろきました。

わたしはドラマライターなので俳句や短歌には詳しくないのですが、子規という人間が好きなのでこんなドラマを作ってみました。

みなさんが指摘しているように、これはわたしの見た、感じたドラマなのです。ですから伝記としては忠実ではないかも知れませんが、子規にたくしてわたしの心をやりました。

子規が、六尺と三尺の敷ぶとんの空間に己れの天地を見出したのは、自分自身を見つめることで、だれにとっても同じことだと思います。

また、子規に俳句や歌を作らせたのは母や妹のかげの力があったからで、人間というものはだれかの愛にささえられてこそ生きることができるのだと思いました。

みなさんの感想文、くまなく読ませていただきました。

どうか、みなさんによろしくお伝えください。草々。

新藤兼人

八月二九日

綿引弘文　様

この手紙は、早速コピーして、翌日の授業で生徒たちに紹介した。新藤兼人監督の手紙は、生徒たちの俳句学習を一挙に普遍化する役目をはたしてくれた。

生田目悦子（2組）

……。「六尺と三尺の敷ぶとんの空間に己れの天地を見いだしたのは、自分自身を見つめること」と手紙にありました。それは「だれにとっても同じこと」だと新藤監督は書いています。子規の場合は「六尺と三尺の敷ぶとん」ですが、私の場合はどうなんだろうと考えました。……。

岡田　朋子（1組）

……。子規が、母や妹、弟子などからかげでささえてもらい、だからこそ素晴らしい俳句ができたというようなことを、監督は「人間というものは、誰かの愛にささえられてこそ生きることができるのだ」と、私のように子規一人にしぼるのではなく、「人間」と、誰もがあてはまる考え方が書いてあったので驚きました。……。

授業は、個別的な学習（「その人の足跡ふめば　風薫る」や正岡子規のドラマ）に徹してよいのだと思う。性急な一般化は、ともすれば「道徳」や「説教」になりがちだ。

しかし、この新藤兼人監督の言葉は、ドラマの作者本人から、飯富中の三年生に直接届けられた手紙である。生徒たちは「みなさんの感想文、くまなく読ませていただきました」という言葉に、新藤監督の深い愛情を感じながら、この手紙を読んだのだった。

その人の　足跡ふめば　風薫る

新藤監督の手紙は、爽やかな風だった。その手紙の言葉は、薫風となって、生徒たちの心に沁みた。

あとがき

「小学校教師とはこんなにも激しく学ぶものなのか」「教職とはここまで追求的・創造的な仕事なのか」――。若い時代に接した「教授学研究の会」。そこで実践報告をする教師群像は、遠い理想であり憧れだった。「少しでもあの姿に近づきたい」。会場に詰めかけた若い教師たちは皆そう思っていた。同じ願いを抱きながら教師人生が過ぎていった。

願いは具体的な授業づくりを通してしか実現しない。「千葉の会」との出会いが、オペレッタづくりとフィールドワーク授業へと、自分を導いてくれた。どちらも苦手の領域だった。それがよかった。得意なものを教えるのではなく苦手なものを教える。まずは教師自身が謙虚な学び手になるしかなかった。教材に向かって子どもと共に学ぶ。《「フィールドワーク授業」は「走り物・変わり種」と同じだ！》――。巧まずして自分の授業スタイルが生まれていった。教材と子どもの中に思いがけない価値を見いだす。その努力なら、つらくなかった。楽しい努力だった。努力できる自分が嬉しかった。そうした努力を、職場の同僚や「茨城の会」「千葉の会」の仲間たちが支えてくれた。

斎藤喜博は教職の魅力を、①「自由であること」②「学問ができること」と、二つ挙げている。自由も学問も初めからそこに転がっている訳ではない。自由にせよ学問にせよ、教師が教

材づくり・授業づくりと格闘する中で、初めて実現し獲得されて行くものだ。フィールドワー
ク授業をやっていると、学びたい未知の世界がどんどん広がって行った。教師の可能性が開か
れて行く体験だった。しかし、一年が終われば学年が替わり、新しい子どもたちとの新しい生
活が始まる。それが教職の宿命だ。同じ教材を深めることはきっぱりと断念。新しい子どもた
ちと共に、新しい教材に向かって、また楽しいフィールドワーク授業が始まるのだった。
教師の仕事は、ある意味で、周囲から引き出される仕事だ。目の前にいる子どもたちによって引き出され、教材によって引き出され、学校という組織によって引き出される。引き出されて初めて、自分の能力に気づかされる。そんな毎日が続いた。当然、時間は幾らあっても足りなかった。どんなに楽しい授業の事実も、生まれるそばから消えて行く。だから、ここに収録した実践記録が残ったことが奇跡的に思える。六編の記録は、すべて「教授学研究の会」の会誌『事実と創造』に掲載された。これも引き出されたというしかない。お声をかけてくださる世話人の方がおり、締め切りを過ぎても待って下さる編集者のご苦労があって、やっと記録が残った。「イチゴ作り」の記録は、小学館『総合教育技術』の名編集長でもあった松本陽一先生によって引き出された。松本陽一先生には「消火の実際――鯉淵の物置火災」と「『島畑』の謎を探る――明治九年『地引絵図』の語る世界」でもお世話になった。また、「内原消防署取材ノート」の記録は大沼徹先生。「アイヌ民族の文化に学ぶ・北海道の旅」と「その人の足跡

ふめば風薫る――俳句の授業」は梶山正人先生が担当してくださった。記して感謝申し上げます。

佐久間勝彦先生には、社会科フィールドワーク授業全編にわたって、引き出し役をお勤めいただいた。『事実と創造』掲載時の授業コメントと、《私の出あった実践者たち・綿引弘文――子どもと一緒に追求を楽しむ》の文章も、特にお願いして、本書に収録させてただいた。後者をいま読み直すと、小学校実践から中学校実践へ。フィールドワーク授業の可能性を的確に予言する内容になっていて驚かされる。

「アイヌ民族の文化に学ぶ・北海道の旅」（飯富中学校・一九九三年）は、小学校で鍛えたフィールドワーク授業を、中学校・学年行事を舞台に大きく展開。読売新聞水戸支局・平しの記者の同行取材があり、札幌テレビ・宮野聡記者を代表とする取材クルーも参加。「国連・国際先住民年」の時代的要請に応え、フィールドワーク授業として、一つの典型が生み出せたかと思う。五泊六日の旅が終わり、誰もいなくなった夜の職員室に一人。心に浮かんだのは、『写真集 斎藤喜博の仕事』（国土社・一九七六年／写真：川島浩、文：斎藤喜博）所収の、一枚の写真だった（写真集五八頁）。「次頁の写真二二七は、すべての指導を終って、子どもたちのいなくなった講堂で放心したようになっている」「島小が終ったはかなさも、たたかい疲れた思いも、胸のなかにいっぱい去来しているのかもしれない」「実践をする教師はいつでも孤独である」「校長はいっそう孤独である」「しかし子どもたちにはそういう顔をみせてはならない」――。自分はいま斎藤喜博のそばにいる。そう感じた一瞬だった。

この記録の冒頭に、「『船中泊』は、中学教師への、市長からの《挑戦状》である」と書いた。当時の水戸市長は佐川一信《かずのぶ》氏（一九四〇年〜一九九五年／享年五五歳）。市長退任後、記録をお送りしたところ、鄭重なお葉書を頂戴した。「すばらしい研究論文、嬉しく拝読致しました」「綿引先生に教えられている子供たちは何と幸せなことか」「学校は授業と教師が全てというのが私の持論です」「先生の授業を期待してみています」――。早世が惜しまれる政治家だった。

フィールドワーク授業の要諦は《人に学ぶ》だ。沢山の方々から、「子どもたちの学習のためになるなら」と温かいご支援を頂いた。具体的なお名前を挙げるのはそれぞれの記録に譲るが、すでに故人となられた方々も多い。ただただ感謝の気持ちで一杯である。共同研究者として共に楽しく学んだ子どもさんたち・生徒さんたちも、三十年近い歳月を経た今では、社会の中核を担う世代。元気に活躍して行ってほしい。

本書『フィールドワーク授業入門――水戸内原の問いかけ』は、過去回想の著作ではない。未来志向の著作だ。授業づくりに悩む若い先生方の元へぜひ届くものにしたい。教師と子どもが共に学ぶフィールドワーク授業が、明日の楽しい授業を作り出すための一助となってほしい。

そう願って、本書の解説を宮崎清孝先生にお願いした。「教師としての学びとはどんなものだろう」。著者自身が無自覚な侭、教師としての直感・本能で実践している部分を、明確に分析し意義づけして頂いた。有難うございました。

この小著を、「たぬきやはなぜつぶれないか」の実践家・田村共栄《ともえ》先生に捧げます。田村共栄先生の「たぬきや」実践と野村新《あらた》先生による分析・紹介とが無かったなら、「内原町のイチゴ作り」に始まるフィールドワーク授業の展開は有り得ませんでした。大分と茨城と、遠く離れた土地に、志を同じくする実践家がいる。教師人生における運命の出会いでした。

最後に、一莖書房の斎藤草子さんに、深く御礼申し上げます。本書が出版に漕ぎ着けられたのは、ひとえに、編集者斎藤草子さんによる伴走・励ましのお陰です。有難うございました。

二〇一九年一月

綿引弘文

《参考文献》
佐久間勝彦著　『教材発掘フィールドワーク』　日本書籍　一九八九年
改訂新版　『フィールドワークでひろがる総合学習』　一莖書房　二〇〇三年

佐久間勝彦「教材づくり・教材発掘の視点」（松平信久　横須賀薫編『教育の方法・技術』教育出版　一九九五年）
塚本幸男著『授業の世界をひろげる――教室からとびだした子どもたち』一莖書房　一九九二年
野村新「田村共栄の社会科の授業『たぬきやのつぶれないのはなぜかの解釈』」（野村新著『いのちに出会う授業の創造』一莖書房　一九九三年）
宮崎清孝編『総合学習は思考力を育てる』一莖書房　二〇〇五年
宮崎清孝著『子どもの学び　教師の学び――斎藤喜博とヴィゴツキー派教育学』一莖書房　二〇〇九年
有田和正著『子どもの生きる社会科授業の創造』明治図書　一九八二年
長岡文雄著『授業をみがく　―腰の強い授業を』黎明書房　一九九〇年
相川日出雄著『新しい地歴教育』国土社　一九五四年

解説

教師としての学びとはどんなものだろう――宮崎清孝

一、教材との全面的対決としての学び

この五つのいずれも迫力に満ちた授業の記録から、私たち読者が学べるものは様々にあるだろうが、ここでは綿引がこれらの授業の中で示している彼の「教師としての学び方」に焦点を当ててみたい。この問題は若い教師たちにとって学ぶ価値が大きいというだけではない。理論的にも大きな意義をもっているからだ。

教師にとっての学びというと、その対象として「教材の内容」「教え方」「子どもの状態（どんなふうに間違うか、といった）」が考えられるが、本書で読み取れる綿引の学びは何よりも「教材内容」についての学びだ。そして綿引の学びは、「教材内容」と格闘することが、「教え方」や「子どもの状態」について考えていくことに繋がる、という構造をもっている。そういう教師の学び方について知ることができるのが、本書の魅力の一つだ。

ところで「教材内容」の学びについて興味深い指摘として、アメリカの教育学者ショーマン (Shulman, 1986) は教科内容自体の知識である「内容的知識」と区別して，Pedagogical

Content Knowledge(PCK、教授学的内容の知識）という知識を教師に独特のものとする。これは教科内容についての知識を教え方や子どもの状態の知識を関わらせ、子どもたちに学ばせたいものへと「翻案」（八田、二〇〇八）したものだ。

教科内容についての知識と教え方や子どもの状態についての知識が、教師の中で絡み合い影響し合っているという指摘は重要だが、その関係を内容の知識の「翻案」といってしまうと、どうも綿引のやっていることとは違う。つまり彼のやっていることは、既にある学問的知識を，教えるために子ども向きに「翻案」している、というのではない。そうでなく、彼自身がいろいろな材料を探り、格闘し、問題を発見し、またわかろうとしている。「内容的知識」自体を得ようと格闘している。ただし、「内容的知識」を得ようとしているといっても、単に教材について詳しく研究し、知識を積み重ねていく、ということではない。それは様々な材料と対決し、それを様々に探索し、教師としての自分にとっても新しい問いを発見していくような学びなのだ。教師が答えを知らない問い、その存在も知らなかった新しい問いのことを、私はunknown question（教師にとっての未知の問い）と名付けている（宮崎 二〇〇五）が、ここでの学びはこのような問いを発見しようとする学びなのだ。

内容についての教師の学びをそのようなものとして捉える捉え方は、日本の実践の伝統のあちこちに存在している。たとえば、斎藤喜博（一九一一—一九八一）がそうだ。綿引が本書のタイトルを『その人の足跡ふめば』としようかと一度は思ったという「その人」であり、綿引にとっての生涯の導き手である。その斎藤は教師の学びについて次のようにいっている。

（前略）第一になさねばならないことは、教師自身が一人の人間として、その教材と全人間的に対面し衝突することである。（中略）一人の人間として、全人間的に教材と交流したり、教材を分析したり、自分に問いかけたり、疑問を持ったり、発見創造をしたりしながら、そのなかから新しい展開とか、思考とか、論理とかを積み重ねていくことである。

（斎藤　一九六四　八九ページ）

教材との全面的な対決、そして問いかけ、発見、その結果による新しい展開、それが教材の学びだという。綿引の授業の中にあるのは、まさにそういう教材についての学びだ。

大事なのは、この「内容的知識」の学びが、教師による「教え方」の開発や「学習者理解」につながっていくということだ。教師の「内容的知識」の学びというと、一見教師の中だけの話のように聞こえるかもしれないがそうではない。「内容的知識」を追求していくことで、教師は学習者がどのように教材を理解しているのかを、またそれを変化させるための道筋を摑んでいく。いってみれば学習者と内容を共有できるようになる。このことは、高橋金三郎と共に、「極地方式」という主として理科に関わる教育システムを開発した細谷純がつとにいっていることだ。

（学習者の側の）どのような認識体系のくみかえが必要となるか。これに対するもっとも身近なヒントは、援助者自らが、高いレベルの自然認識を発展させようとする過程の中にある。（中略）援助者自身が、永年にわたる自然科学者の認識の所産である自然科学の援助のもとで、大自然が持つ仕組みを自らの五感をとおして主体の中へと取り入れようとする際に遭遇する喜びや驚きが、教育活動を動機付け、その結果として援助者自らが学習しえた内容が、子どもたちの学習の内容となったときにこそ、子どもたちの学習活動もまた内的に動機づけられ、より高いレベルの自然認識へと発展しうる可能性が生まれてくる。

（細谷二〇〇一 一八四ページ）

教師が、人が教材を理解する道筋を、根源から、本気で、喜びや驚きを伴いつつ、経験する。だからこそ、学習者がその道筋をどのように辿っているのか見えてくる。学習者の理解が起こる。その道筋を辿るためにはどういう援助が必要なのかも見えてくる。つまり教え方についての理解も起きてくる、というわけだ。

「極地方式」もまた、綿引が若い頃から参加し、学んだ考え方だった。綿引の本書の実践の背景には、斎藤喜博や極地方式の思想がある。

二、フィールドでの問いの発見

ただし綿引がこのような教材についての学び方を自分のものとして血肉化し得たのは、本書の題名にある「フィールドワークの授業」の実践の中でだった。もともと大変な勉強家である綿引だが、いわば本の虫であり、「社会には直接踏み込んでいけない自分」だった。そこを一歩踏み出し、まずは地域へと出て行った。その結果として、学び方の変革が生じた。

フィールドワークの授業とは、佐久間勝彦・塚本幸男を中心に千葉教授学の会で開発された、主として社会科や総合学習での授業方法である。この考えの中核には、フィールド、つまり現場の中にこそ、学習者が追求する価値のある問題が隠れている、という考えがある。おおざっぱな言い方をすれば、本、特に教科書とか参考書に書いてあることは、既に整理された知識だ。そこに新鮮な問いはなく、その学びは与えられたことを覚えるということになってしまう。それに対して現場、フィールドの中にあるのは生の具体であり、複雑な現実である。そこに入ることで教師は、それまで学習者にとって未知であるだけでなく、自分自身知らなかった多くの新鮮な問題、私のいうunknown question（教師にとっての未知の問い）に対面することになる。それを教師と学習者が現場に入ることで共に探し、発見し、解明していくことで学んでいくというのが、フィールドワークによる授業だ。

フィールドワークによる授業がどんなものか、そこで教師は何をすべきか、綿引の授業からよくわかるだろう。たとえば「内原町のイチゴ作り」の場合。イチゴ農家の取材の中で自然の蜂がいない冬場の花粉交配のために、「ハチ屋」からハチを借りるのだという。養蜂業者に頼んで花粉交配をするということまでは本やネットからでも学べるだろうが、農家が養蜂業者を「ハチ屋」と呼んでいる、というようなことは現場ならではの発見だろう。一見どうでもいいことに感じられるかもしれないが、「ハチ屋」という言い方の中には農家にとっての養蜂業者の役割やそれとの関係が端的に現れていて、それを私たちも探りたくなる。あるいは、「株冷栽培が早期出荷を可能にするにも拘わらず、なぜ増えないのか」という問題。労働力の問題だとまずは考えられたが、実際におこなっている農家は「(やっていない農家の)やる気がない」からだという。これも典型的に、その場でないと発見できない問題だ。世の中の現実の問題の多くがそうであるように、単純にどちらが正しいといえる問題ではなく、だからこそここには様々に探れる課題が多数あるだろう。

フィールドの中で、教師のこのような発見に導かれて、子どもたちも熱心に探求をおこなう様子も、本書の中に描かれている。「ハチ屋」問題でも、「ハチ屋さんなんてあるのお?」という子どもの驚きから、子どもたちは「ハチ屋」問題にどんどん突っ込んでいった。「ハチ屋」はどこにあるのか? 塚本さんはどこから借りているのか? 各地のハチ屋さんに手紙を出して聞いてみよう、と子どもたちは問いをどんどん発展させていった。教師の設定した発問に答えて終わり、というのではない。教師の設定した問いが呼び水になり、子どもたちが自分たちで探求を続けていくのが、フィールドワーク授業の醍醐味だ。

子どもたちが自分たちで探求を続けるようになるのは、「問いが問いを呼ぶ」生きた現場の持つ構造がそうさせているのが一つの理由だが、多分それだけではない。綿引が子どもたちから出てきた問いやその探求結果を、自分が学べるものとして真剣に受け止めていることが、子どもたちを喜ばせ、知らず知らずのうちに探求へと動機づけているのだろう。

「内原町のイチゴ作り」でいえば、塚本正男さんのところを見学して、「いっぱいイチゴの苗が植わっていた」という発見から、弓野智之君が「(植えるのに)何日かかるかな?」という問いを持ったところだ。それを綿引は、「仕事量を問題にしている」と捉え、「この疑問には、私自身が教えられた思いをした」と書く。そしてその疑問は、「そういえば」というわけで、苗植えの仕事はほかの農家と組んでやっているな、という綿引自身の発見へとつながった。

大事なのは、ここでの「子どもからの学び」が、「子どもにしては面白いことといってますね」とか「これこれの発達段階の子どもが考えそうなことですね」という、上から目線の「子ども理解」ではないということだ。「イチゴ作り」という共有した話題について、教師にとって新しい問題を教えられた、ということなのだ。子どもは上から目線の指導対象ではなく、共に学ぶ存在としてある。

三、子どもの発見からの学び

実は綿引にとって、この「子どもの出してきた考えの中に新しい問題を発見する」という学び方が、彼の教師としての学び方を作り出す際に決定的に大事だったように思われる。フィールドの中には学習者にとってはもちろん、教師にとっても新しい問題が無数に含まれている、というのは事実だが、そのすべてが面白く、追求する価値のある、あるいは追求できる問題というわけではない。特に、誰でも思いつくよくある大問題に限って、答えがなく追求困難なものだ。地球温暖化をどうするか、といった例を考えればそのことは明らかだろう。教師と子どもたちが共に追求して、何かわかった、と感じられるような問い、たとえその答えが新しい問いだったとしても、そういう問題が裏にあったんだ、と驚けるような問い、それが探されなければならない。そして「内原町のイチゴ作り」の実践を始めた時点で、綿引は自分にその発見の力がついていたと感じていた。「どうして私に『これは課題になる』などとわかるのだろう、という不思議な気持がした」というわけだ。

これについての私の答えは、ほかにいろいろな努力があったにせよ、綿引が「子どもの持ってくるものの中に問題を感じ取る」訓練を積んでいたからでは、というものだ。既に佐久間勝彦も述べているが、具体的には彼がずっとおこなってきた「はしりもの・かわりだね」の実践がそういう訓練の場だったのだ。

「はしりもの・かわりだね」とは既に紹介した極地方式での授業のやり方の一つで、朝、子どもたちが持ってきた、見てきた、珍しい植物動物——時期的に早いもの（はしりもの）・変種（かわりだね）—について「どこで取ったか・見たか」、「いつ頃、どんな天気のときに取りやすいか」話し合いをする、というもの（中村、一九七六）。子どもたちが取ってきたもの、見てきたものと、「どこで」つまり生育環境との、また「どんな天気」たとえば温度条件などとの間に科学的に意味ある面白い関係があり得る。その問題を教師は発見しなくてはならない。探ってくるのは子どもたちだが、教師はその探ってきたものの中に面白さ、問いを発見しなければならない。

これを綿引は何年も続けていた。これが、子どもが興味をもった事柄の中に、教師にとっても面白い、何らかの意味で取り上げる価値のある問いを発見する訓練になっていたのではないか。だからといって教師として学ぼうとするときに、「はしりもの・かわりだね」をやらなければならない、というわけではもちろんない。大事なことは、教師として教材と対決し、自分にとっても新しい問いを発見するという学び方が、子どもから出てきたことの中に、大事な問いを発見していくという学び方と密接に結びついている、ということを押さえることだろう。その具体的な形は人さまざまにあり得るだろうが、どのような形で学んでいこうとするにせよ、この二つの方向を同時におこなっていくことが重要なことが、彼の学び方から示唆されることの一つだ。

四、人の思いと出会う学び

「フィールドの中に新しい問いを発見する」綿引の学び方にはもう一つの特徴がある。綿引はフィールドの中での学びをそこにいる人たちと出会うことによる学び、つまりその人たちの文化をその人たちを介して学ぶことだと捉えている、ということだ。

本書でいえばこのことが明確に意識されたのは中学にいってからの実践である「宿泊学習の可能性に挑む」でだったようだ。「この『船中泊』の方法論として、私は《「人」に学ぶ》ということを生徒たちに強調していました。本からだけ学ぶのではなく、積極的に『人』を捜し、『人』を求めていって、『人』から直接学ぶことをさせたいと思っていました」と彼は書いている。そして実際、ここで中学生たちは萱野茂、北原きよ子といった人たちと出会い、その人たちを介して、アイヌ民族の文化を学んでいった。もっとも振り返ってみれば、最初の「内原町のイチゴ作り」の場合でも、塚本正男さんとか久保田利雄さんとか、名前のある具体的な人たちとの出会いの中で学びは進んでいた。また誰がやるにせよ、フィールドでの調査は多少とも具体的な個人との出会い抜きにはそもそもあり得ないともいえる。だがそれを特に強調するところに、綿引の学び方の特徴がある。

先にフィールドを本と比べて、「生の具体であり、複雑な現実である」と述べた。具体的な個人は、複雑な現実の中の諸関係の結び目で、「生の具体・複雑な現実」をもっともよく表している。その意味で、人を介しての学びは、まさに現実の中の新鮮な問題との出会いを与えてくれる。だが人を介しての学びには、実はそれ以上の意味がある。

フィールドの中にいる個人は、それぞれが自分たちのやっていることに対して強い思いを抱いている。萱野さんや北原さんは、アイヌ民族の文化についてそれぞれに強い思いを持っている。彼らを介してアイヌ民族の文化に出会うということは、同時に彼らの持つ強い思いに出会うということでもある。ここで思いという言葉を使うのは、アイヌ民族の文化について「知識を持っている」というだけでなく、ある感情があり、また自分の行動への意思、意図がある、ということを強調したいからだ。つまり、学習対象であるアイヌ文化について知的に学ぶ、それが何かを知る、というだけではない。それに関わっている人たちの感情、意図、意思など、ひっくるめていえばその人たちがアイヌ文化にどのような思いで立ち向かおうとしているのか、それについても感じていくことが学びの対象となる。

むろん、綿引がまずそれを一番に学びとろうとしている。「『明るいアイヌ』『楽しいアイヌ』を生徒に教えたい」ということがそれを示している。アイヌ民族の、自文化に対する、懐古的でなく未来志向的な思いに彼の目が向けられているのだ。そしてさまざまなところで、たとえば小学生たちによる「バッタの踊り」の中に、また『萱野茂・アイヌ語会話（初級編）』の中に、現代を生き生きと生きる彼らの息吹を感じ取っている。

この実践の場合ばかりではない。「内原町のイチゴ作り」の塚本正男さんたちの場合でなら意欲的に農業経営をおこない、内原町での農業の未来のために頑張ろうとしている彼らの思いに綿引の目は向けられていた。さらにいえば、正岡子規の句を教材とする中学での俳句の授業「その人の足跡ふめば風薫る」の実践では、周りの人たちとの様々な「愛」を経験し、それを背景として俳句へと向かっていった人間・正岡子規の思いを綿引が発見し、学びとることから授業が始まっている。ちなみに、この国語の授業が『フィールドワーク授業入門』という本に入っていることに違和感を感じる向きがあるかもしれないが、実はこのように、「人と出会うことによる教材の学び」という点で、この国語の授業は彼のフィールドワーク授業からの必然的な発展なのだ。

教材を学んでいこうとする時、そこにいる人とその思いに焦点化していくというこの綿引の学び方は、そもそもは授業の場にいる子どもたちへ、彼自身が強い思いを持って臨んでいるということと切り離せないように思われる。たとえば「その人の足跡ふめば風薫る」の記録は、朝の登校風景で見かけた中学生カップルへの思いから始まる。彼らの関係を清々しいものと思い、しかしそれが中学校の現実の中で「生徒指導」の対象となってしまうことへの、そしてその決定について何もできない自分の思いが描かれる。こういう、子どもたちへの強い思いを持つ綿引だからこそ、人とその思いに焦点化しながら教材を学んでいくという学び方が生まれ、有効なものとして働いている、ということはあるだろう。その意味では綿引の個性であり、参考にはなっても誰もがまねをして自分のものにできるということにはならないかもしれない。ただ、こういう子どもへの思いは、教員なら誰もが多少とも持っているだろう。その限りでは、どんな教員の中にもこのような学び方への可能性はあるだろう。綿引の学び方は強烈であるだけに、まねはできなくても、自分たちの中にある可能性は照らし出してくれている。

私が綿引を個人的に知るようになったのはこの本に収められている実践が終わってからのことだが、その間彼がいつもいっていることがある。「私は自分一人では学べないし、学ぼうとも思わない。目の前に子どもたちがいるから、学ぼうという気になるし、学ぶことができる」。いろいろ書いてきたけれども、この一言こそが、とりわけ若い教師の人たちにとって大事なようにも思われる。綿引は長い経験の中で膨大な学びを積み重ねてきた。その間、本書が証言しているように書斎派からフィールドへ、という自己変革も経験した。それを外から仰ぎ見れば、ため息が出るような大変な努力ではある。でもその内実としては、目の前の子どもたちに授業を面白く経験させなければ、という思いでやってきた試行錯誤の一歩一歩なのだ。誰もがやっている、誰もがやれることだ。でも、何かわずかな違いがあり、それが今の綿引の学びを作り出した。この解説がその秘密にわずかにでも迫れていればいいのだが、読者の方々は是非その秘密を解読する思いで、本書に挑まれてほしい。

（みやざき　きよたか・早稲田大学人間科学学術院教授）

八田幸恵（二〇〇八）リー・ショーマンのＰＫＣ概念についての一考察──「教育学的推論と活動モデル」に依拠した改革プロジェクトの展開を通して　京都大学大学院教育学研究科紀要、五四、一八〇─一九二

細谷純（二〇〇一）教科学習の心理学　東北大学出版会
宮崎清孝（編著）（二〇〇五）総合学習は思考力を育てる　一莖書房
中村敏弘（一九七六）はしりもの・かわりだねの学習　わかる授業　二、五四―五五
斎藤喜博（一九六四）授業の展開　国土社
Shulman, L. S. (1986) Those who understand: Knowledge growth in teaching. Educational Researcher, 15, 4-14.

（「コメント」・「私の出あった実践者たち」）
佐久間勝彦　（さくま かつひこ）
1944年　千葉県生まれ。早稲田大学・第一政治経済学部卒業。同・大学院修士課程（教育学）修了。社会科教育学専攻。
現在、千葉経済大学学長。千葉経済大学短期大学部学長。同・附属高等学校校長。
『社会科の授業をつくる―社会に目を開く教材の発掘』（1985年・明治図書）
『地域教材で社会科の教材をつくる』（1987年・明治図書）
『教材発掘フィールドワーク』（1989年・日本書籍）
『社会科なぞとき・ゆさぶり５つの授業』（1992年・学事出版）
『教師の感性をみがく』（1996年・教育出版）
『フィールドワークでひろがる総合学習』（2003年・一莖書房）
『学びつづける教師に―こころの扉をひらくエッセイ５０』（2013年・一莖書房）
『アクティブ・ラーニングへ―アクティブ・ティーチングから』（2016年・一莖書房）

（「解説」：「教師としての学びとはどんなものだろう」）
宮崎清孝　（みやざき きよたか）
1950年　東京都生まれ。東京大学大学院・教育学研究科退学。
認知心理学・教授学習過程論専攻。
大妻女子大学勤務を経て、現在、早稲田大学・人間科学学術院教授。
『視点』（1985年・東京大学出版会　共著）
『心理学と教育実践の間で』（1998年・東京大学出版会　共著）
『総合学習は思考力を育てる』（2005年・一莖書房　編著）
『子どもの学び　教師の学び　斎藤喜博とヴィゴツキー派教育学』（2009年・一莖書房）
『はっけんとぼうけん――アートと協働する保育の探求――』（2015年・創成社　編著）

〈著者紹介〉
綿引弘文　（わたひき ひろぶみ）
1953 年　茨城県生まれ。国学院大学文学部文学科（国語学専攻）卒業。
1977 年から 36 年間小中学校教諭として勤務。2013 年 3 月退職。
学生時代より斎藤喜博「 教授学研究の会 」に参加して学ぶ。現在、「茨城・教授学研究の会」事務局担当。
「初めてのオペレッタ」（梶山正人他編著『心をひらく表現活動（ 1 ）・遊びとともに』1998 年・教育出版）。「学校林のシートンたち」（宮崎清孝編著『総合学習は思考力を育てる』2005 年・一莖書房）。
現住所　〒 319-0304　茨城県水戸市有賀町 40-1
メールアドレス　watahiki_hiro53@tbz.t-com.ne.jp

フィールドワーク授業入門——水戸内原の問いかけ——

2019年2月20日　初版第一刷発行

著　者　綿　引　弘　文
発行者　斎　藤　草　子
発行所　一　莖　書　房
〒 173-0001　東京都板橋区本町 37-1
電話 03-3962-1354
FAX 03-3962-4310

組版／四月社　印刷・製本／日本ハイコム
ISBN978-4-87074-218-5　C3037